# Wenn Raupen fliegen lernen

Claudia Bryner

# Wenn Raupen fliegen lernen

## Mit Kindergruppen auf Entdeckungsreise

1. Auflage, 2006
Claudia Bryner, Birkenhalde Verlag,
CH-8411 Winterthur, 2006
ISBN 3-905172-36-4
Printed in Switzerland

Text: Claudia Bryner
Lektorat: Gerhard Friedrich, Priv. Doz. Dr. paed., Lahr/Deutschland
Maike Maurer, Kitaleiterin, Prüfungsexpertin, Winterthur
Yvonne Sonderegger, Kindergärtnerin, Ebertswil
Mariette Zurbriggen, Didaktikerin, Luzern

Fotos: Yvonne Sonderegger, Ebertswil; Bea Reiser, Hombrechtikon
Herzlichen Dank an die Eltern der Kinder aus der
Kinderkrippe Storchennest, Bubikon und dem Kindergarten Ort, Wädenswil
für die Genehmigung zur Verwendung der Fotos.
Titelfotografie: Yvonne Sonderegger, Ebertswil
Umschlaggestaltung und Bildbearbeitung: Bruno Sonderegger,
S+K Werbefotografie, Zürich
Illustrationen: Sarah Bryner, Zürich
Lithographie, Satz, Druck: Mattenbach AG, CH-8411 Winterthur
Ausrüstung: Pagina AG, CH-8335 Hittnau

# Inhalt

**Vorwort** 9/10

**1. Die Entwicklung des Gehirns** 13
1.1 Das Baby kommt auf die Welt 13
1.2 Ein kurzer Blick hinter die Kulissen 14
1.3 Von Geburt an lernen 16
1.4 Die sensiblen Phasen 18
1.5 Unterstützung der kindlichen Entwicklung 21
1.6 Sprachentwicklung und Intelligenz 22

**2. Auswirkungen auf das pädagogische Arbeiten mit Kindern** 25
2.1 Zuwendung 25
2.2 Ermutigung 25
2.3 Rituale 25
2.4 Regeln des Zusammenlebens 26
2.5 Zeit 27
2.6 Regelmäßiges Beobachten 27
2.7 Entwicklung gezielt unterstützen 27
2.8 Talente erkennen, Stärken fördern 28
2.9 Geschichten erzählen 28
2.10 Spielen und Aufräumen 28
2.11 Spielzeug 29
2.12 Die Welt erforschen 31
2.13 Das Gehirn überraschen 31
2.14 Staunen 32
2.15 Bewegung 32
2.16 Sinnesentwicklung 33
2.17 Soziales Verhalten üben 34
2.18 Probleme selber lösen 35
2.19 Gruppenaktivitäten 35

**3.**    **Einführung in das pädagogische Handlungskonzept**       37
          **«Themenorientiertes Arbeiten»**
3.1    Die Dauer eines Themas                                       38
3.2    Die Themafigur                                               39
3.3    Kurze Pause zwischen zwei Themen                             40
3.4    Lange Themen erfordern Kreativität                          40

**4.**    **Vorbereitung zur Wahl eines Themas**                    41
4.1    Die Suche nach dem passenden Thema                           42
4.2    Erstellen einer Standortbestimmung der Gruppe               44
4.3    Pädagogische Ziele                                          49
4.4    Das Formulieren von Zielen                                  52
4.5    Welche Themen eignen sich für kleine Kinder                 54
4.6    Die Wahl eines Themas                                       59

**5.**    **Planung des gewählten Themas**                         61
5.1    Angestrebte Ziele                                           61
5.2    Die Suche nach passenden Schwerpunktthemen                  62
5.3    Ideensammlung für das neue Thema                            64
5.4    Sind lang andauernde Themen eintönig?                       72
5.5    Verschiedene Möglichkeiten geführter Aktivitäten            73
       mit der ganzen Kindergruppe
5.6    Definition der geführten Aktivität                          74
5.7    Der Aufbau einer geführten Aktivität                        76
5.8    Die Aktivität beginnt meistens im Kreis                     78
5.9    Der methodische Aufbau verschiedener geführter Aktivitätsarten   80
5.10   Die Methode der Kindergruppe anpassen                       116
5.11   Kinder mit besonderen Bedürfnissen in unserer Gruppe        121
5.12   Teilzeitliche Anwesenheit der Kinder in Kinderkrippen       123
5.13   Räume fantasievoll nutzen                                   126

**6.**    **Durchführung des gewählten Themas**                    127
6.1    Die Eltern übers neue Thema informieren                     127
6.2    Einbezug der Kinder bei der Planung des Themas              128
6.3    Spielideen finden                                           128
6.4    Konkrete Aktivitäten zum Thema                              129
       «Von der Raupe zum Schmetterling»

6.4.1   Einführung der Themafigur                                    132
6.4.2   Liedeinführung: Das Raupenlied                              134
6.4.3   Neues Wissen spielerisch erleben:                           138
        Vom Ei bis zur Verpuppung der Raupe
6.4.4   Anschauung: Lebende Raupe                                    140
6.4.5   Das Tischtheater: Die Raupe und der Vogel                   142
6.4.6   Rhythmisches Zeichnen zum Thema Raupe                       144
6.4.7   Soziale Spiele zum Thema Raupe                               146
6.4.8   Spiele zum Thema Entwicklung:                               148
        von der Raupe zum Schmetterling
6.4.9   Rhythmik zum Thema Schmetterling                            150
6.4.10  Musikmalen zum Thema Schmetterlingstanz                     152
6.4.11  Legespiel mit Schmetterlingen                               154
6.4.12  Experimentieren mit Wasserfarben                            156
6.4.13  Erlebnisturnen zum Thema Raupe – Schmetterling              158
6.5     Abschlussfest mit den Eltern:                               160
        Ein vergnüglicher Parcours zum Thema
6.6     Freispielangebote im Thema                                  165
6.7     Das Projektthema beenden                                    173
6.8     Die Reflexion                                               175

**Schlussgedanken**                                                 176

**Herzlichen Dank**                                                 178

Literaturverzeichnis                                                180

# Vorwort

Kinder fordern uns heraus, sie sind von Natur aus neugierig, experimentierfreudig und wissbegierig. Sie wollen die Welt auf ihre Weise verstehen und erobern. Unsere wichtige Aufgabe besteht darin, dem uns anvertrauten Kind eine abwechslungsreiche und interessante Umgebung anzubieten und seine Lernprozesse einfühlsam zu begleiten und zu unterstützen.

Wenn sich Kinder zwischen ein und sechs Jahren zu Gruppen zusammenfügen, sei das in der Familie, Kinderkrippe/Kita, Spielgruppe und später auch im Kindergarten, werden wir uns darüber Gedanken machen, wie die Kindergruppe sinnvoll gefördert werden kann.

Einen Weg dazu habe ich im vorliegenden Buch aufgezeigt. Hier beschreibe ich das Modell des themenorientierten Arbeitens in Projekten, angereichert mit vielen konkreten und einfach umsetzbaren Spielideen.

Anhand des Themas «Von der Raupe zum Schmetterling» erkläre ich den didaktisch-methodischen Aufbau dieses Konzeptes. Dazu gehören die Beobachtung der Kinder, die Zielsetzung, die Themensuche, die Beschreibung der Methodik verschiedener Aktivitätsarten, die Vorbereitung sowie die spielerische Umsetzung des gewählten Themas. Die neurobiologischen Erkenntnisse über das menschliche Lernen geben den Erziehenden dabei wichtige Anregungen.

Kinder vertiefen sich gerne in Themen und machen begeistert bei Projekten mit. Sie geniessen die gemeinsamen Aktivitäten und bringen selber viel Farbe ins Geschehen.

Betreuen wir Kindergruppen, gelingt es uns, mit abwechslungsreichen Angeboten miteinander viel Spaß zu haben. Dass wir dabei Ziele verfolgen und die Kinder in ihrer Entwicklung unterstützen, bleibt das Geheimnis von uns Erwachsenen. Unsere aufmerksamen Beobachtungen geben Hinweise auf die Interessen der Kinder, auf welche wir flexibel eingehen sollten, da Kinder dann am besten lernen, wenn sie motiviert dabei sind. Unsere eigenen Ideen können wir jederzeit zugunsten derjenigen der Kinder auf später verschieben.

Früher ein vor allem in Kindergärten praktiziertes Konzept, hat sich das themenorientierte Arbeiten in Projekten heute den aktuellen Bedürfnissen im Elementarbereich angepasst. Dank entsprechender Zielsetzungen und Methoden wird es inzwischen auch mit Gruppen jüngerer Kinder oder einer altersgemischten Kindergruppe erfolgreich umgesetzt. Mit dem Wissen, dass Bildung bei der Geburt beginnt, müssen sich heute auch qualitätsbewusste Kinderkrippen und Spielgruppen als Bildungsstätten der frühen Kindheit positionieren.

Dass Eltern die Entwicklung ihrer Kinder wirkungsvoll und nachhaltig begleiten und fördern können, ist ausgiebig erforscht worden. Auch ihnen kann dieses Buch neue Anregungen geben, wie sie sich zusammen mit ihren Kindern in interessante Themen vertiefen können.

Ich danke allen, welche mich durch ihr Interesse, ihre Fragen und ihre tatkräftige Unterstützung motiviert haben, das Buch «Wenn Raupen fliegen lernen» zu realisieren. Ich hoffe, dass viele Leserinnen und Leser dadurch angeregt werden, nach den Interessen und Talenten ihrer Kinder zu suchen, um ihnen innerhalb entsprechender Themen vielfältige Lernprozesse zu ermöglichen.

Ich wünschen den Kindern und Erwachsenen dabei viel Spaß und bereichernde Erlebnisse.

*Claudia Bryner*

# 1. Die Entwicklung des Gehirns

## 1.1 Das Baby kommt auf die Welt

Das Neugeborene liegt erschöpft auf dem Bauch seiner Mutter. Es spürt die Wärme, hört den vertrauten Herzschlag und die leise Stimme der Mutter. Nichts Neues also? Doch, nun riecht es den Körper seiner Mutter und fühlt, wie seine Haut liebevoll und sanft gestreichelt wird. Bald sucht das Neugeborene, einem inneren Drang gehorchend, nach Nahrung. Es rutscht auf dem Bauch der Mutter etwas höher und stößt mit dem Gesicht an die Brust. Instinktiv sucht es mit dem Mund die Brustwarze und nuckelt daran. Nun beginnt es, kräftiger zu saugen und plötzlich schießt Milch in seinen Mund. Überrascht hört es einen Moment lang auf, um dann umso gieriger seine erste Nahrung selbständig zu trinken.

Das Gehirn des Neugeborenen arbeitet derweilen auf Hochtouren. Über die feinen Nervenzellen der Haut, des Gehörs, der Augen, der Nase und des Mundes gelangen neue Informationen rasend schnell ins Gehirn, wo diese Erfahrungen eine Explosion von Vernetzungen unter den Nervenzellen auslösen.

Das Baby spürt über die Nerven der Mundschleimhaut, dass Muttermilch warm, süß, aber auch flüssig ist und in einem prickelnden Strahl in den Mund fließt. Nach mehrmaligem Stillen ist dieses Wissen bereits fest im Gehirn verankert – Grundwissen, auf welchem weiteres Wissen aufbaut. Natürlich kann kein Baby seiner Mutter erzählen, was es gelernt hat. Dazu fehlt ihm noch die Möglichkeit, die Dinge beim Namen zu nennen. Aber trotzdem weiß es inzwischen, was gut schmeckt. Wäre die Milch morgen salzig, würde es sie vermutlich erst einmal verweigern.

Die Sinne des Babys geben ununterbrochen Informationen an sein Gehirn weiter, welches sie auswertet, speichert, mit andern Zellen vernetzt oder bei Nichtgebrauch auch wieder löscht. Dieser Prozess beginnt schon in der fötalen Phase lange vor der Geburt.

## 1.2    Ein kurzer Blick hinter die Kulissen

Kommt das Baby auf die Welt, sind also bereits wichtige Strukturen in seinem Gehirn vorhanden. Während der Schwangerschaft haben sich Milliarden von Gehirnzellen entwickelt und auch die beiden Gehirnhälften begannen sich zu spezialisieren. Die rechte Hälfte begünstigt eher das Gefühlsleben und die räumliche Ordnung, die linke hingegen Sprache, Mathematik und Logik. Stress der Mutter wie Armut, Gewalt, Alkohol oder auch Drogen können in der Schwangerschaft die normale Entwicklung des Gehirns stören und dieses auch schädigen (Kotulak, 1998, S. 48/49).

Nach der Geburt kommt es zu einem enormen Wachstumsschub, wenn das Gehirn mit unvorstellbarer Geschwindigkeit die Impulse aus der Umwelt aufnimmt und Verbindungen zwischen den Zellen herstellt. Um verstehen zu können, was im Gehirn bei der Aufnahme von Informationen abläuft, ist es notwendig, einige Vorgänge genauer zu untersuchen.

Das Gehirn ist wie ein riesiges Netzwerk aufgebaut. Dickere und dünnere Kabel verknüpfen und verdrahten sich zu einem komplexen Gebilde, ähnlich wie die Kletternetze auf Robinsonspielplätzen. Das Netzwerk besteht aus *Neuronen*, den eigentlichen Gehirnzellen samt ihren vielen Verästelungen, den *Dendriten* sowie pro Neuron je einer Nervenfaser, dem *Axon*. Die Dendriten übermitteln Informationen von außen in die Zelle und das Axon leitet diese an andere Zellen weiter. Zwischen der Geberzelle und der Empfängerzelle sorgt eine *Synapse* dafür, dass die Informationen ans Ziel gelangen, um dort eine chemische Reaktion in Gang zu setzen. Billionen synaptischer Kontaktstellen, welche sich je nach Impulsen aus der Umwelt vermehren oder auch zurückbilden können, sorgen dafür, dass der Mensch sein Wissen kreativ einsetzen kann und vernetzt denkt. Die Synapsen funktionieren ähnlich wie Telefonverbindungen, dank denen die Gehirnzellen in der Lage sind, untereinander zu kommunizieren. Die Menge und Stärke der synaptischen Kontaktstellen sind der eigentliche Schlüssel dazu, wie leistungsfähig das Gehirn tatsächlich arbeiten kann.

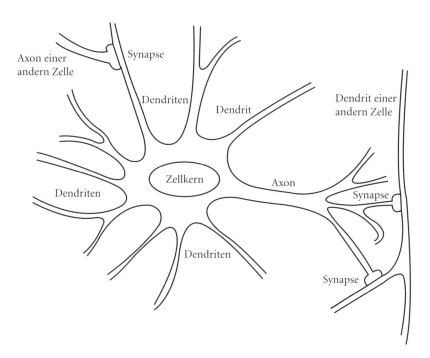

Eine wichtige Erkenntnis dabei ist, dass sich das Gehirn durch Übung ständig verbessert, aber durch Passivität einrostet. Entscheiden wir uns, Klavier spielen zu lernen, erlangen wir durch fleißiges Üben Fingerfertigkeit und Virtuosität. Hören wir damit auf, werden wir bereits nach kurzer Zeit vieles verlernt haben und nach Jahren froh sein, noch einige Kinderlieder spielen zu können. Was geschah im Gehirn? Beim Üben vermehrten sich die Dendriten sowie die synaptischen Verbindungen. Informationen konnten immer schneller von Zelle zu Zelle geschickt werden und das Klavierspiel gelang uns immer flüssiger. Nachdem das Üben aufgegeben wurde, erhielten die zuständigen Zellen keine Impulse mehr, und da sie offenbar überflüssig geworden waren, verkümmerten sie, um anderen, aktiveren Zellen Platz zu machen.

Die Devise «use it or lose it» («benütze es oder verliere es») soll jeden von uns ermutigen, sein Gehirn optimal zu nützen und die Leistungsfähigkeit das ganze Leben lang auszubauen.

## 1.3   Von Geburt an lernen

Wenn das Kind auf die Welt kommt, bringt es seine genetisch bedingten Veranlagungen mit. Diese vererbten Gene sind sozusagen die Bausteine, die Umwelt hingegen fungiert als Baumeisterin, welche das Bauwerk gestaltet, erweitert und umbaut. Dass die Baumeisterin entscheidenden Einfluss darauf hat, ob das Bauwerk ein prächtiges Haus oder nur eine schäbige Hütte sein wird und auch, ob sich der Besitzer darin wohl fühlt, aktiv und interessiert sein Leben lebt, lässt sich bereits erahnen.

Von der ersten bis zur letzten Sekunde verrichtet das Gehirn die Aufgabe, für die es als einziges Organ speziell geschaffen wurde: Das Lernen. Unermüdlich lernt es von morgens bis abends und vom Abend bis zum Morgen – Gutes und Nützliches, aber auch Belastendes oder Schädliches: Alles, was ihm die Umwelt als Baumeisterin an Erfahrungen über die Sinne, die Bewegung und die besonders wichtigen Interaktionen mit andern Menschen zukommen lässt.

Schon im Bauch der Mutter nimmt das Ungeborene Reize wahr und verarbeitet sie im Gehirn. Es hört die Stimme der Mutter und deren Herzschlag, spürt die Wärme des Fruchtwassers und tastet sich entlang der Gebärmutterwand. Die neuronalen Strukturen des kindlichen Gehirns werden also bereits in dieser vorgeburtlichen Lebensphase durch Sinnesreize entwickelt und geprägt. Solche Strukturen entstehen einerseits durch den Aufbau von Verbindungen, aber ebenso auch durch den Abbau nicht benutzter Synapsen. Jede Veränderung des neuronalen Netzes bedeutet Lernen. Und da sich das Gehirn ein Leben lang an alle Situationen anpassen kann, spricht man von der Plastizität des Gehirns.

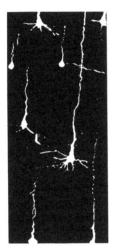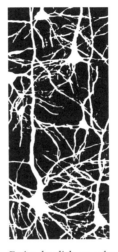

*Schnitt durch eine Partie der menschlichen Großhirnrinde zum Zeitpunkt der Geburt (linkes Bild), im Alter von drei Monaten (zweites Bild), von fünfzehn Monaten (drittes Bild) und von drei Jahren (Bild rechts).*

*Es ist deutlich zu erkennen, dass sich die entscheidenden Veränderungen im Gehirn innerhalb der ersten drei Lebensmonate abspielen. («Lernen ist lernbar», 1997, S. 25)*

Eindrücklich belegen die Bilder der Struktur der Großhirnrinde, wie sich die Vernetzung von der Geburt an bis zum Alter von drei Jahren entwickelt. Deutlich erkennbar ist die Vermehrung der Verästelungen (Dendriten) und synaptischer Kontaktstellen, welche verantwortlich sind für die fortschreitende geistige Entwicklung des kindlichen Gehirns.

Kinder müssen zum Lernen nicht gezwungen werden, sie haben einen angeborenen Lerntrieb. Obwohl das Gehirn ein Leben lang lernfähig bleibt, ist es doch in den ersten Lebensjahren in ganz besonderem Maße aufnahmefähig. In diesen ersten Jahren wird das Grundgerüst für weiteres Lernen aufgebaut. Alles später Gelernte wird an diesem Gerüst angehängt. Fehlen wichtige Pfeiler dieses Gerüstes, wird späteres Lernen erschwert oder gar verunmöglicht (Messmer, 1999, S. 45). Die Qualität der Umgebung, in der das Kind lebt, kann die geistige Entwicklung entscheidend beeinflussen. Jede noch so kleine Erfahrung, aufgenommen über seine fünf Sinne und das, was es selber tut, hinterlässt Spuren im sich entwickelnden Gehirn des Babys und Kleinkindes. Von der Hirnforschung weiß man, dass gerade solche Eigenaktivitäten besonders gut in unserem Gedächtnis haften bleiben.

Die meisten Aktivitäten während der ersten Lebensjahre sind Teil eines wichtigen Prozesses im Gehirn, dem Prozess der Organisation. Das Baby hört beispielsweise Geräusche, kann sie aber nicht zu einem sinnvollen Ganzen zusammenfügen, kann sie nicht einordnen. Es hört vielleicht den Staubsauger, weiß aber nicht, dass es sich um einen solchen handelt, und auch nicht, wofür dieses Gerät bestimmt ist. Erst durch eigene, vielfältige Erfahrungen ordnet es die Eindrücke im Gehirn und lernt nach und nach, die Zusammenhänge richtig zu erkennen. Das Ordnen von Eindrücken und Empfindungen, das Suchen nach Wiederholungen und Regeln ist demnach eine der ganz wichtigen Aufgaben des Gehirns während der ersten Lebensjahre. Und diese Aufgabe stellt sich das Gehirn selber, es braucht keinen Anstoß von außen. Auch Ereignisse und Erlebnisse werden im Gehirn gespeichert, und wenn sie zudem mit Gefühlen verbunden sind, kann man sich später wieder gut daran erinnern. Das Kind entwickelt sich dabei zu einer einzigartigen Persönlichkeit, welche unter anderem spielen, gehen, sprechen, analysieren, Anteil nehmen, forschen und lieben kann.

Die Umwelt als Baumeisterin, also auch die Erzieherin, ist angehalten, dem Kind eine anregende Umgebung anzubieten, in welcher es, liebevoll begleitet, eigene Erfahrungen sammeln kann sowie akustischen, visuellen, sprachlichen und weiteren Sinnesreizen ausgesetzt ist. Das bildet die Grundlage seiner gesamten späteren Entwicklung.

## 1.4   Die sensiblen Phasen

Maria Montessori prägte den Begriff der *sensiblen Phasen*, die Hirnforschung bestätigt inzwischen ihre Beobachtungen. Jeder von der Natur vorbestimmte Lernschritt muss innerhalb einer dafür vorgesehenen Zeitspanne (sensiblen Phase) gemacht werden. Bietet sich dem Kind keine Gelegenheit, diese Fertigkeit oder Fähigkeit zu erlernen, ist die Zeit vielleicht für immer vorbei.

Hierzu ein bekanntes Beispiel aus der Tierwelt, in welcher seit langem solche sensiblen Phasen erforscht werden. Der Tierverhaltensforscher und Nobelpreisträger Konrad Lorenz war dabei, als ein mutterloses Grauganskücken aus dem

Ei schlüpfte. Das erste Lebewesen, welches das Gänschen auf unserer Welt erblickte und welches mit ihm redete, war Lorenz. Um sein Überleben zu sichern, prägt sich dem Kücken in dieser sensiblen Phase das erste Gegenüber als seine Mutter unauslöschlich ins Gehirn ein, in diesem Falle war das Konrad Lorenz. Auch der Versuch, das Gänschen einige Minuten nach der Geburt einer brütenden Graugans in Obhut zu geben, war absolut kein Erfolg. Den ganzen Sommer lang begleitete das Graugänschen Lorenz beharrlich überall hin. Der Tierforscher Lorenz war und blieb seine Mutter.

Die sensiblen Phasen, auch kritische Perioden oder Zeitfenster genannt, machen das Kind ganz besonders empfänglich dafür, von seiner Umwelt Neues zu lernen. Solche Zeitfenster öffnen sich ab Geburt in Schüben. Oft sind auch mehrere Fenster gleichzeitig offen. Beginnt eine sensible Phase, entwickelt das Kind instinktiv eine ungeheure Energie, um seinem inneren Drang zufolge den vorbestimmten Lernschritt machen zu können. Dabei lernt es mit einer unbeschwerten Leichtigkeit, sofern seine angeborene Neugier gefördert und das Interesse mit einem vielfältigen Angebot geweckt wird.

Laut Prof. Dr. Remo Largo, Kinderarzt und ehemaliger Leiter der Abteilung für Wachstum und Entwicklung des Kinderspitals Zürich, durchläuft jedes gesunde Kind nach einem vorgegebenen Muster alle Entwicklungsschritte in der gleichen Reihenfolge. Allerdings treten die verschiedenen Entwicklungsstadien in unterschiedlichem Alter auf und variieren auch in der Intensität, in welcher der Lernprozess stattfindet (Largo, 2002, S. 28.5/227). Jedes Kind wählt anhand seiner eigenen Bedürfnisse und Möglichkeiten aus, wie lange und wie ausgeprägt es sich mit der nun anstehenden Entwicklungsaufgabe beschäftigt. Deshalb sind Entwicklungstabellen mit Vorsicht anzuwenden, die zwar Tendenzen aufzeigen, nie aber einem genauen Fahrplan gleichgesetzt werden dürfen.

Ist die persönliche Entwicklung des Babys so weit fortgeschritten, dass es sich einem nächsten Lernschritt zuwenden kann, öffnet sich ein neues Zeitfenster, zum Beispiel das «Greifen lernen», und das Baby wird aus den dargebotenen Spielmaterialien diejenigen aussuchen, welche sich zum Erlernen dieser Fertigkeit besonders eignen. Das Kind weiß selbst, was es für seine Entwicklung braucht. Sofern es sich sicher, geborgen und geliebt fühlt, wird es immer mit Begeisterung Neues erfahren und begreifen wollen. Bekommt es hingegen in einer sensiblen Phase keine Gelegenheit und auch keine Anregung, den vorgegebenen Lernschritt zu machen, wird sich das dafür vorgesehene Zeitfenster ungenutzt wieder schließen.

In der ersten Zeit nach der Geburt sind Gefühlserfahrungen für das Baby das Wichtigste in der neuen Welt. In dieser sensiblen Phase müssen ihm die betreuenden Menschen verlässlich zur Verfügung stehen, damit es eine emotionale Sicherheit entwickeln kann. Um seelisch und körperlich gesund zu gedeihen, ist es unerlässlich, dieses Grundbedürfnis zuverlässig zu stillen. Das Baby macht dann die wichtige Erfahrung, dass es sich wohl fühlt, wenn sein Hunger gelöscht, der Körper warm und trocken ist, die Menschen liebevoll mit ihm umgehen und seine Bedürfnisse ernst genommen werden. Am Anfang des Lebens bildet sich auf diese Weise das Urvertrauen als Voraussetzung dafür, dass sich das kleine Kind aufmerksam allem Neuen zuwendet.

Das Zeitfenster zum Erlernen der Sprache ist von der Geburt bis etwa dem 12. Lebensjahr geöffnet. Hört das Kind bis dahin keine gesprochenen Worte, wird es zeitlebens nicht richtig sprechen lernen.

Den so genannten Wolfskindern, welche im Wolfsrudel in der Wildnis aufwuchsen, war es nie mehr möglich, eine menschliche Sprache zu erlernen. Die ungenutzten Nervenzellen im Gehirn, welche eigentlich für die Sprache reserviert waren, hatten sich offenbar bereits zurückgebildet.

Am intensivsten während der ersten vier Lebensjahre und danach bis etwa zum Ende der Pubertät werden im Gehirn die Grundlagen gelegt für Sprache, Gefühle, das Denken, Zusammenhänge erkennen, Verhaltensmuster, Begabungen und weitere Fähigkeiten. Gegen das 20. Lebensjahr hin beginnen als letzte jene Gehirnareale zu reifen, welche es uns ermöglichen, das Leben zu planen, Ziele zu verwirklichen und die Wertehaltung zu festigen. Danach ist die Zeit der sensiblen Phasen mehrheitlich vorbei.

Alles, was das Kind in dieser Zeit via seine Sinne, die Bewegung und bald auch über seine Gedanken gelernt hat, gibt seinem Gehirn die ganz persönliche Struktur und prägt nachhaltig seinen Charakter. Ein wesentlicher Teil des Gehirnaufbaus ist damit vollendet. Weiteres Lernen wird sich auf bereits vorhandene Vernetzungen abstützen.

Dank der Plastizität des Gehirns ist lebenslanges Lernen möglich, wenn ausreichende Grundlagen in der Kindheit geschaffen wurden. Wir lernen allerdings nie mehr so unbeschwert und leicht wie in den ersten Lebensjahren, vor allem während der sensiblen Phasen.

## 1.5   Unterstützung der kindlichen Entwicklung

Auch ohne Vorbildung wissen alle Eltern instinktiv, dass ihr Baby Nahrung, Wärme, Fürsorge und Geborgenheit braucht. Dies sind die offensichtlichen Grundbedürfnisse, die gestillt werden müssen, damit das Kind am Leben bleibt. Das unsichtbare Bedürfnis, *die geistige Anregung*, wurde von der Wissenschaft entdeckt.

Da gerade während der ersten Lebensjahre das Grundgerüst für alles spätere Lernen, aber auch für die Persönlichkeitsstruktur gebildet wird, sind Eltern und Erzieher in ganz besonderem Maße gefordert. Damit das Kind optimal gedeihen und lernen kann, braucht es neben geeigneter Nahrung, Sauerstoff, Bewegung und geistiger Herausforderung auch viel liebevolle Zuwendung. Es braucht verlässliche Bezugspersonen, welche Anteil nehmen an seinen Lernfortschritten, die sich mit ihm über jeden Erfolg freuen und es bei Rückschlägen immer wieder ermutigen und positiv unterstützen.

Wenn das Kleinkind seine ersten Schritte wagt, wird es vom Lob und der stolzen Freude der Eltern und Bezugspersonen geradezu beflügelt, hartnäckig weiter zu üben, bis es seine Schritte sicher koordinieren kann und beim Gehen auch im Gleichgewicht bleibt. Das Kind muss durch die Reaktion der Erwachsenen spüren, dass seine Bemühungen wichtig sind und seine Fortschritte lobend zur Kenntnis genommen werden. Dann wird es voller Elan und Vertrauen die Welt erforschen. Es ist wichtig, ihm dazu kindgerechte, dem Alter entsprechende Erfahrungen zu ermöglichen.

## 1.6   Sprachentwicklung und Intelligenz

Langzeitstudien belegen, dass nichts so sehr die Intelligenz des Kindes beeinflusst wie die Sprache. Je öfter die Eltern oder Bezugspersonen mit ihm reden, je mehr Worte es pro Tag hört, desto besser entwickelt sich sein Gehirn. Auch unbeteiligt wirkende Säuglinge hören aufmerksam zu, und die Worte, die man zu ihnen spricht, hinterlassen tiefe Spuren im Gehirn. Der Wissenschaftsjournalist Ronald Kotulak beschreibt, dass Kinder von gesprächigen Müttern im Alter von 20 Monaten im Schnitt 131 Worte mehr kennen als ihre Altersgenossen mit schweigsameren Müttern. Vier Monate später lag der Unterschied bereits bei 275 Worten.

Findige Eltern oder Erzieher, welche sich die Zeit, selber mit dem Kind zu reden, nicht nehmen können oder wollen, kommen nun vielleicht auf die Idee, mit Hilfe von Medien wie Radio, Fernseher oder CDs die Sprachentwicklung des Kindes fördern zu wollen. Schon kleinste Kinder würden deshalb vor den Fernseher gesetzt und dürften auch jederzeit ihre reichhaltige Sammlung von Kindergeschichten ab CD-Player hören. Das alles geschähe dann unter dem Motto der Sprachförderung.

Kann das Fernsehen und die Geschichtenkassette aber Ersatz sein für eine Mutter, die sich gerne und häufig mit ihrem Kind unterhält? Kotulak zitiert eine Forscherin folgendermaßen: «Mütter neigen dazu, in sehr kurzen Sätzen zu sprechen. Sie beschreiben das Hier und Jetzt. Sie lenken die Aufmerksamkeit des Kindes auf die Gegenstände, von denen sie reden, und erwähnen selten Dinge, die nicht vorhanden sind. Was aus dem Fernseher kommt, ist dagegen für Kleinkinder nur sinnloses Geplapper» (Kotulak, 1998, S. 51).

Prof. Dr. Manfred Spitzer, Leiter der Psychiatrischen Universitätsklinik und des Transferzentrums für Neurowissenschaften und Lernen in Ulm nennt das, was das Fernsehen und der Computer dem Kind bieten, eine «Bildsoße» begleitet von einer «Klangsoße». Die von Fernsehen und Computer produzierten Bilder und Töne seien für Kleinkinder eine «verarmte» Umgebung. Bildsoßen und Klangsoßen nützten dem Kind nichts, wenn es darum gehe, die Welt begreifen zu lernen (Spitzer, 2002, S. 226).

Was Kinder wirklich brauchen, sind Erwachsene, welche sich immer wieder Zeit nehmen, mit ihnen zu spielen und zu sprechen, und sie an ihrem Alltag teilhaben lassen. Die sich den Kindern aufmerksam zuwenden, dem Alter entsprechend verständlich mit ihnen kommunizieren, geduldig alle Fragen beantworten, kommentieren, was sie tun («Jetzt ziehe ich dir den roten Pulli an.») und sich darüber freuen, wenn das Kind beginnt, die Sprache zu erobern. Nie sollen sie allerdings die falsch ausgesprochenen Worte und Sätze des Kindes korrigieren und es damit entmutigen. Indem sie das Wort oder den Satz nochmals richtig wiederholen, bieten sie sich dem Kind unauffällig als Sprachvorbild an.

Dazu ein Beispiel: Das Kind fragt: «Mauäs ha?» Die Mutter entgegnet: «Ah, du möchtest die Mayonnaise haben.» Das Kind kann so nochmals genau hinhören und das Wort korrekt speichern. Sobald es die Sprache dann besser beherrscht, wird es auch das schwierige Wort Mayonnaise richtig aussprechen können.

Kein Medium dieser Welt kann im Entferntesten einen Ersatz für Eltern oder Erzieher sein, die sich für das Kind und seine gesunde Entwicklung interessieren und sich ihm aktiv zuwenden. Der ständig laufende Fernseher, ein von morgens bis abends angestelltes Radio, Kindergeschichten und Musik, welche tagsüber einen konstanten Klangteppich, nach M. Spitzer eine Klangsoße, verbreiten, bewirken eine dauernde akustische Reizüberflutung des kindlichen Gehirns. Dieses schützt sich dann selber, indem es gegenüber Geräuschen und Tönen abstumpft.

Wenn ich mit Kindern rhythmisch arbeite, beobachte ich oft, wie sie Mühe haben, genau hinzuhören und auch feine Zwischentöne zu erkennen – eine mögliche Folge solch akustischer Reizüberflutungen.

Eltern und Bezugspersonen, die ihrem Kind auch Lieder vorsingen, mit ihm zur Musik tanzen und klatschen, es Sprüchlein und Fingerverse lernen sowie selber Bilderbücher und Geschichten erzählen, unterstützen die Sprachentwicklung und das Rhythmusgefühl. Ansonsten soll sich das kindliche Gehirn in Ruhe (und dies ist im wahrsten Sinn des Wortes gemeint) seinen andern großen Entwicklungsaufgaben zuwenden können.

# 2. Auswirkungen auf das pädagogische Arbeiten mit Kindern

Wir wissen nun, dass die ganzheitliche Entwicklung des Kindes und seines Gehirns in ganz besonderem Maße in der Zeit vor dem Schuleintritt Unterstützung braucht. In der Zeit also, in welcher es oft familienergänzend betreut wird, sei es in einer Kindertagesstätte, in der Spielgruppe, der Tagesfamilie oder im Kindergarten. Wir alle, die wir das Kind in Obhut haben, müssen uns demnach überlegen, welches Umfeld wir ihm anbieten und welche Rolle wir Erziehenden darin spielen sollen.

## 2.1 Zuwendung

An erster Stelle steht die liebevolle Zuwendung. Wenn sich das Kind mit seinen persönlichen Stärken und Schwächen, seinem Charakter von uns angenommen fühlt, wird es sich voller Vertrauen seinen Entwicklungsaufgaben stellen.

## 2.2 Ermutigung

Ermutigung, Lob und positive Rückmeldungen benötigt das Kind als Antrieb seiner Motivation, Neues in Angriff zu nehmen und vor Schwierigkeiten nicht zu kapitulieren.

## 2.3 Rituale

Rituale im Kinderalltag sind Orientierungspunkte, helfen Übergänge zu erleichtern und vermitteln dem Kind Sicherheit und Geborgenheit. Ihr wichtigstes Merkmal ist die regelmäßige Wiederholung zu einer bestimmten Zeit und an einem bestimmten Ort. Es sind oft symbolische Handlungen mit einer emotionalen oder auch feierlichen Wirkung auf die Kinder. Rituale strukturieren den Alltag, aber auch das ganze Jahr. So feiern wir mit den Kindern Geburtstage, Weihnachten, Ostern und vieles mehr. Auch im Alltag lassen sich kleine Rituale einbauen. Bei der Begrüßung und dem Abschied der Kinder kann in einer Institution die Themafigur eingesetzt und ein spezieller Gruß oder ein Lied gewählt werden. Mahlzeiten und die dazu gehörenden Lieder, Aufräumsignale und die tägliche gemeinsame Aktivität im Kreis sind weitere Rituale, die den Kindern Geborgenheit vermitteln. Nur wenn sich das Kind sicher und wohl fühlt, kann es sich seinen Aufgaben neugierig und offen zuwenden. Rituale helfen uns, eine vertrauensvolle Atmosphäre zu schaffen.

## 2.4   Regeln des Zusammenlebens

Die Regeln des Zusammenlebens müssen von Klein auf gelernt werden. Sobald sich das Kind aus der engen Beziehung zur Mutter gelöst hat, wird es auf der Suche nach seinem «Ich» die Grenzen nach allen Seiten austesten. Nun gilt es, ihm die uns wichtigen Regeln zu erklären und mit Konsequenz durchzusetzen. Die Folgen, die eine Grenzüberschreitung nach sich zieht, müssen fürs Kind verständlich sein und möglichst in direktem Zusammenhang mit der unerlaubten Handlung stehen.

Wenn die Regel lautet, dass keine Bauklötze im Zimmer herumgeworfen werden, das Kind dies aber trotzdem tut, werden wir es zuerst ein- bis zweimal ermahnen und an die Regel erinnern. Wird es sein Tun nicht beenden, gehen wir zu ihm und sagen mit ruhiger, bestimmter Stimme: «Da du heute offensichtlich nicht mit den Bauklötzen spielen willst, kommst du jetzt mit mir. Du kannst dafür hier bei mir am Tisch etwas zeichnen.» Auch wenn das Kind laut protestiert, gilt es jetzt, konsequent zu bleiben. Nach einiger Zeit, welche sich nach dem Alter des Kindes richtet (je jünger, je kürzer: die Faustregel ist eine Minute pro Altersjahr), kann man das Kind fragen, ob es jetzt wieder mit den Bauklötzen spielen wolle und ob es die Regel noch kenne.

Um ein gutes Lernklima zu erreichen, braucht es im Zusammenleben klar verständliche Regeln. In ganz besonderem Maße gilt dies, wenn wir eine Kindergruppe führen. Wenn keine Regeln und keine Disziplin vorhanden sind, werden sich alle gegenseitig aufreiben, anstatt die Energie dafür einzusetzen, mit Freude gemeinsam Neues zu entdecken.

## 2.5 Zeit

Indem wir den Kindern unsere Zeit widmen, mit ihnen spielen und sprechen, uns in die fantasievolle Welt der Kinder entführen lassen und gemeinsam Abenteuer bestehen, können wir dem Alter angepasst auf ihre Bedürfnisse und Interessen eingehen.

## 2.6 Regelmäßiges Beobachten

Wie aber erkennen wir die Bedürfnisse und Interessen der Kinder, welche uns gleichzeitig einen Hinweis auf die aktuellen sensiblen Phasen geben? Die Antwort darauf lautet: Durch genaues und systematisches Beobachten. Mehr dazu im Kapitel 4.1.

## 2.7 Entwicklung gezielt unterstützen

Aus solchen Beobachtungen können wir didaktische Maßnahmen ableiten. Wir überlegen uns, was wir dem Kind oder der Kindergruppe zur Weiterentwicklung an zusätzlicher Herausforderung anbieten können.

Beschäftigt sich ein Kind immer wieder damit, Türme aus Klötzen zu bauen, könnten wir ihm als Ergänzung dazu auch einmal ungewöhnliches Material (z.B. Filmdosen, Kapla, Holzscheite, Steine usw.) bereitstellen. Sein Gehirn wird dank der neuen Sinnesreize unzählige Vernetzungen knüpfen, bis das Kind alle physikalischen Gesetze beim Turmbauen beobachtet und erfahren hat.

## 2.8  Talente erkennen, Stärken fördern

Systematisches Beobachten ermöglicht es uns, Talente der Kinder zu erkennen und diese dann gezielt zu fördern.

Ich bin überzeugt, dass wir die Kinder besser auf das Leben vorbereiten, wenn wir vorhandene Stärken weiterentwickeln als uns vor allem auf das Beheben von Defiziten zu konzentrieren. Natürlich dürfen wir vorhandene Defizite nicht einfach ignorieren, sondern sollten angemessene Maßnahmen dagegen in die Wege leiten.

Gerade die Hirnforschung zeigt uns aber, dass eine Fähigkeit, die wir beherrschen und die wir deshalb auch gerne ausüben, uns durch die wiederholte Anwendung zu Spezialisten auf diesem Gebiet werden lässt, sei es beim Kochen, Fussballspielen, Malen und vielem mehr. Dies fördert unser Selbstwertgefühl, welches uns wiederum befähigt, Dinge in Angriff zu nehmen, die mühsamer zu erlernen sind. Dank eines gesunden Selbstvertrauens haben wir allgemein mehr Durchhaltewillen und können uns selber besser motivieren.

Die Talente eines Kindes zu erkennen und es bei deren Weiterentwicklung zu unterstützen, hilft ihm, mit Schwierigkeiten auf anderem Gebiet besser fertig zu werden.

## 2.9  Geschichten erzählen

Kinder lieben es, sich nahe neben den Vater, die Mutter oder andere Bezugspersonen zu kuscheln und Bilderbüchern oder Geschichten zu lauschen.

Nebst dem Wortschatz und einem Gefühl für Sprache fördert dies gleichzeitig die emotionale Entwicklung. Geborgen im Arm des Erwachsenen identifizieren sich Kinder mit den Figuren der Geschichte, können sich mit ihnen freuen, traurig oder ängstlich sein und bei ihren Abenteuern mitfiebern.

## 2.10  Spielen und Aufräumen

Dass wir Kinder beim vertieften, selbstvergessenen Spielen nicht unnütz stören sollten, leuchtet ein, denn Spiel ist Arbeit und bedeutet Fortschritt. Dabei entwickelt sich die Persönlichkeit und Intelligenz.

Trotzdem werden wir das Kind innerhalb des Tagesablaufes auch einmal dazu auffordern müssen, sein Spiel vorzeitig zu beenden. Dann ist es sinnvoll, dem

Kind dafür genug Zeit einzuräumen. Etwa zehn Minuten vorher sagen wir ihm, dass es sein Spiel langsam beenden solle, und nach weiteren fünf Minuten fordern wir es auf, nun einen Abschluss zu finden. Damit das Kind verstehen kann, warum es zu spielen aufhören muss, begründen wir unsere Aufforderung.

Wenn Kinder vertieft spielen, ist es für sie demotivierend, mehrmals täglich, vor jedem Essen, vor dem Mittagsschlaf und vor dem Spaziergang, immer wieder aufräumen zu müssen. Hier gilt es, das eigene Bedürfnis nach Ordnung zu überdenken und dem Kind genug Freiraum zu lassen. Vor dem Heimgehen aus der Kita, der Spielgruppe oder dem Kindergarten ist es angebracht, alles richtig aufzuräumen. Äußert das Kind, welches intensiv gespielt hat, allerdings den Wunsch, sein Bauwerk bis morgen stehen zu lassen, sollten wir dazu die Erlaubnis geben. Damit signalisieren wir, dass seine Arbeit von Bedeutung ist.

Ich finde es wichtig, den Kindern ihrem Alter entsprechend Ordnung beizubringen. Sie müssen lernen, dass alles seinen Platz hat. So bleibt das Spielzimmer auch fürs kleine Kind überschaubar.

Maria Montessori zum Beispiel legte großen Wert auf eine klare Struktur und Ordnung ihrer Spielmaterialien, damit das Kind sich jederzeit daran orientieren konnte und sein Gehirn nicht überfordert wurde.

Man kann Aufräumen ja auch einmal spielerisch gestalten oder (vor allem bei kleinen Kindern) selber dabei mithelfen. Unsere eigene Haltung hat auch hier Vorbildwirkung. Spüren die Kinder, dass uns Aufräumen selber zuwider ist, werden sie es ebenfalls als Last empfinden. Vermitteln wir hingegen, dass Aufräumen Platz für neue Spielideen schafft, werden sie es als nützlich akzeptieren lernen.

## 2.11 Spielzeug

Auf unseren Reisen mit dem Wohnmobil nahmen wir außer einem Beutel voller Gummitiere und den Schlaftieren der Kinder keine Spielsachen mit. Als Ergänzung dazu kauften wir im Reiseland einen Ball, Schaufel und Kessel sowie Malutensilien und Bilderbücher. Die Kinder spielten begeistert mit dem Naturmaterial, das auf der Reise jeden Tag etwas variierte, und kombinierten dazu ihre kleinen, abwaschbaren Tiere. So entstanden Zoos, Tiertransportzüge, Wildgehege, Vergnügungsparks, Bauernhöfe und vieles mehr. Nie wurde ihnen langweilig, ihre Fantasie war ständig gefordert.

Daheim, inmitten ihrer Spielzeugsammlung, hörten wir hingegen oft die Frage: «Was sollen wir jetzt spielen?»

Meine langjährigen Beobachtungen zu diesem Thema, sei es bei den eigenen Kindern, in Kindergärten, Spielgruppen und Kinderkrippen, lassen mich eindeutig zum Schluss kommen: Weniger ist mehr! Das Wenige sollte möglichst vielfältig einsetzbar sein und die Fantasie nicht einschränken. Dazu eignet sich alles «Zeug zum Spielen» wie Wegwerf- und Naturmaterial, Dinge aus dem Haushalt, Stoffe, Wollknäuel, Kleider, alte Schreibmaschinen und vieles mehr. Wenn wir im Spielwarengeschäft einkaufen, sollten wir auf oben beschriebene Kriterien achten. Mit verschiedenen Bauklötzen, Lego-, Duplosteinen und anderem Konstruktionsmaterial samt Figuren, Autos, Zügen, kleinen Tieren, Puppen und Stofftieren können Kinder kreativ spielen.

Sinnvolles Spielmaterial zum Bauen, Gestalten, Experimentieren, Bewegen und fürs Rollenspiel engt nicht ein, gibt wenig vor und passt sich momentanen Spielinteressen flexibel an. Natürlich gehören auch einige Tischspiele wie Puzzle, Lege- und Gesellschaftsspiele sowie Bilderbücher und Bastelmaterial ins Spielzimmer.

Ganz wichtig scheint mir aber, nie alles Spielmaterial gleichzeitig frei zugänglich anzubieten. Spielsachen, die einige Wochen im Keller verschwinden, sind später eine neue Herausforderung für die Kinder.

Als Abwechslung und Ergänzung eignen sich themenbezogene Spielmöglichkeiten. Damit können die Kinder ein gemeinsam behandeltes Thema nochmals vertiefen und weiterspinnen. Ideen für themenorientierte Freispielangebote finden sich im Kapitel 6.6.

## 2.12 Die Welt erforschen

Wollen wir den uns anvertrauten Kindern möglichst vielfältige Erfahrungen ermöglichen, ist es wichtig, sie zu motivieren, die Welt um sich herum zu erforschen. Das wiederum verlangt von uns Erziehenden den Mut, die Kinder vieles selber ausprobieren zu lassen und sie nur vor wirklichen Gefahren zu schützen. Da es nicht immer möglich ist, mit einer Gruppe von Kindern in die Welt hinauszuziehen, um sie zu erforschen, kann die Welt im Kleinen auch zu uns geholt werden. Viele Anregungen dazu werden in diesem Buch beschrieben.

## 2.13 Das Gehirn überraschen

Das Gehirn liebt Überraschungen! Deshalb sollten wir uns immer wieder Gedanken darüber machen, womit wir die Kinder herausfordern, verblüffen und überraschen können. Dazu eignen sich ungewöhnliches Material und nicht alltägliche gemeinsame Unternehmungen wie das Beobachten und Forschen am

Bach oder Froschteich, echte Putzaktionen der Spielzimmer, Erlebnisspiele im Wald, aber auch abwechslungsreich gestaltete, geführte Aktivitäten mit der Kindergruppe.

Wer themenorientiert arbeitet, findet innerhalb des aktuellen Themas immer wieder spezielle Möglichkeiten, die Kinder mit Spielmaterial und Spielideen zu überraschen.

## 2.14 Staunen

Wenn Kinder staunen, stellen sie Fragen, und diese Fragen führen dazu, dass sie der Sache auf den Grund gehen wollen. Sie werden dabei zu Forschern mit dem einzigen Ziel, die Welt auf ihre eigene Art begreifen und hinter die Wirklichkeit schauen zu wollen. Sie experimentieren und probieren aus, und wenn sie nicht weiterkommen, suchen sie unsere Hilfe. Staunende Kinder fordern auch uns mit ihren Fragen heraus. Sie wollen es wissen, und zwar ganz genau. Darum ist es wichtig, für alle Kinderfragen offen zu sein, sich Zeit zu nehmen und genügend Nachschlagewerke zur Hand zu haben, um gemeinsam mit wissbegierigen Forschern nach Antworten suchen zu können. Wir Erwachsenen geben uns absolut keine Blöße, wenn wir nicht alles selber wissen, sondern dem Kind zeigen, dass man viele Informationen in Büchern oder im Internet finden kann.

## 2.15 Bewegung

Das Gehirn lernt über die Sinne und die Bewegung. Deshalb ist es wichtig, den Kindern drinnen wie draußen viel Bewegung zu ermöglichen. Das Gehirn und der Körper des Menschen brauchen viel Sauerstoff, den sie beim Herumtoben im Freien vermehrt aufnehmen können.

Für drinnen gilt:
- Bewegungsräume schaffen, zum Beispiel in der Garderobe, im Gang und in anderen wenig genutzten Räumen.
- Viel Bewegung in die geführten Aktivitäten einbauen.
- Die häufige Regel, dass in Zimmern nicht gerannt werden darf, sollte kritisch hinterfragt werden, denn Kinder in diesem Alter entwickeln und üben unermüdlich ihre Motorik.

Wie wir alle beobachten können, liegt die sensible Phase der Bewegungsentwicklung in der Zeit zwischen der Geburt und dem Schuleintritt. Meiner Meinung nach läuft die eben beschriebene Regel, in den Zimmern nicht zu rennen, dem Bedürfnis der Kinder nach Bewegung zuwider. Sie ist meistens nur mit regelmäßigem Neinsagen, Ermahnungen, ja sogar Strafen durchsetzbar.

Ich empfehle darum, dieses Nein für Wichtigeres aufzusparen. Stattdessen kann man gefährliche Gegenstände wegräumen, den Kindern konsequent rutschsichere Finken oder Socken anziehen und sie bei den seltenen Zusammenstößen einfühlsam trösten.

Für draußen gilt:
- So rasch wie möglich an Orte spazieren, an welchen die Kinder sich frei und ungefährdet bewegen können. Bis man dort anlangt, muss natürlich aus Sicherheitsgründen in der Reihe oder an der Hand der Erwachsenen gegangen werden. Diese Zeit soll aber so kurz wie möglich gehalten werden.
- Sind keine solchen Orte in kurzer Zeit erreichbar, bleibt man lieber im eigenen Garten.
- Regen und Schnee halten meist nur Erwachsene davon ab, nach draußen zu gehen. Die Kinder hingegen lieben solches Wetter, weshalb wir jederzeit geeignete Kleider zur Hand haben sollten.

# 2.16 Sinnesentwicklung

Das Kind ist von seinem ersten Lebenstag an neugierig und aktiv. Die Sinne liefern ihm viele Eindrücke von unserer Umwelt und auch über sich selber. Die Sinne sind seine Antennen, über die es mit der Umwelt kommuniziert, sie sind die Nahtstellen zwischen dem Menschen und der Welt. Mit allen Sinnen die Welt begreifen: Für das Kind bedeutet Greifen zugleich Begreifen und Fassen ein Erfassen.

Wir Erwachsenen können die Kinder bei ihrer sinnlichen Entdeckungsreise liebevoll und aufmerksam begleiten und unterstützen. Kinder brauchen eine Umwelt, in der sie mit allen Sinnen Lebewesen und Dinge wahrnehmen und erforschen dürfen. Sie wollen sie sehen, hören, riechen, befühlen und anfassen, schmecken und sich mit ihnen bewegen. Und vor allem wollen Kinder selber tätig sein. Da sie nichts wirklich glauben, was sie nicht selber nachvollziehen können, wird experimentiert, ausprobiert und alles genau untersucht. Wir Erziehenden haben die zentrale Aufgabe, den Kindern eine sinnvolle und sinnliche Umgebung zu schaffen, damit sie selbständig vielfältige Erfahrungen sammeln können. Dabei sollten wir darauf achten, dass die Kinder wirklich Spaß und Freude an unseren Spielen und Angeboten haben, da eine hohe emotionale Beteiligung direkten Einfluss auf den Erfolg von Sinnesförderungen hat (Zimmer, 1995).

## 2.17  Soziales Verhalten üben

Kinder brauchen Kinder, um sich an ihnen zu messen. Dabei lernen sie, sich Gruppenregeln unterzuordnen, Kompromisse einzugehen, Konflikte auszutragen, zu führen oder sich führen zu lassen, Freundschaften zu schließen und miteinander zu kommunizieren. Im Zusammenleben mit anderen Kindern üben sie ihr soziales Verhalten. Dabei werden soziale Kompetenzen gefördert, welche darüber entscheiden, ob es dem Kind einmal gelingen wird, zusammen mit anderen Menschen zufrieden und ausgefüllt zu leben und zu arbeiten.

In großen Familien, Kindertagesstätten, Spielgruppen und Kindergärten verbringen sie ihre Tage zusammen mit jüngeren und älteren Spielkameraden. In selbst gewählten Spielgemeinschaften wird miteinander gespielt, gestritten und sich auch wieder versöhnt.

Erwachsene sollten sich bei Streitigkeiten prinzipiell beobachtend im Hintergrund halten und nur im Notfall eingreifen, wenn beispielsweise Verletzungsgefahr droht oder alle Beteiligten mit dem Konflikt überfordert sind. Dann kann man anbieten, gemeinsam nach Lösungen zu suchen. Wenn wir genug Geduld aufbringen und nicht sofort eingreifen, löst sich der Konflikt meist auf eine Art und Weise, die den Kindern auch wirklich entspricht.

Kinder lernen immer dann am besten, wenn sie selber etwas tun, selber handeln können. Das gilt auch beim Üben von sozialem Verhalten.

## 2.18 Probleme selber lösen

Im Allgemeinen gilt: Wenn ein Kind vor einem Problem steht, zum Beispiel dem Öffnen eines Behälters, können wir seine persönlichen und sachlichen Kompetenzen stärken, indem wir ihm keine Lösungsmöglichkeit präsentieren, sondern es ermuntern, selber das eine oder andere auszuprobieren. Nach dem Motto «Viele Wege führen nach Rom» müssen wir dann aber auch alle Ideen des Kindes gutheißen. Vielleicht geht ja der Behälter dabei kaputt. Hat das Kind das Problem erfolgreich gelöst, verdient es natürlich unsere uneingeschränkte Anerkennung.

Wenn es gar nicht mehr weiterkommt und um Hilfe bittet, sollten wir gemeinsam mit ihm nach Lösungen suchen. Oft genügt es auch, dem Kind mit einigen gezielten Fragen neue Wege aufzuzeigen und damit seinem Denkprozess wieder Schwung zu verleihen.

Probleme selber lösen zu können, ist eine wichtige Schlüsselqualifikation. Je kreativer ein Mensch mit Problemen umgehen kann, desto besser wird er sein Leben meistern, sei dies privat oder bei der Arbeit. Darum müssen wir den Kindern viele Gelegenheiten geben, diese wichtige Fähigkeit von Klein auf zu lernen und immer wieder zu üben.

## 2.19 Gruppenaktivitäten

Interaktive Spiele mit andern Kindern und Erwachsenen sind während der Kindheit für die Entwicklung äußerst wichtig. Es ist eine besondere Herausforderung für die Kinder, mit der ganzen Kindergruppe etwas zu erleben. Gemeinsam Spaß zu haben, mutig etwas vorzuzeigen, bei Spielen und rhythmischen Übungen gefordert zu sein und andern auch einmal zu helfen, sind nur einige Komponenten, die Kinder bei Gruppenaktivitäten ansprechen.

Gemeinsame Aktivitäten fördern in ganz besonderem Maße den Zusammenhalt der Gruppe und das Gemeinschaftsgefühl. Hier erhalten die Kinder vielfältige Impulse, die sie gezielt in ihrer Entwicklung weiterbringen. Zudem lieben sie es, als tägliches Ritual gemeinsam mit Erwachsenen und ihren Spielkameraden im Kreis, im Freien oder auch in der Turnhalle zu spielen.

Wir sollten uns allerdings bewusst sein, dass alle unsere Angebote nicht mit schulischem Lernen vergleichbar sein dürfen. Die gesetzten Lernziele müssen mit methodisch dem Alter und Bedürfnissen der Kindergruppe angepassten Spielen erreicht werden. Das Lernen ist dabei immer Spiel und soll Freude und Spaß machen.

Im Gegensatz zum Kindergarten ist das Mitmachen in der Kinderkrippe und Spielgruppe freiwillig. So kann das kleinere Kind weder überfordert noch unterfordert werden. Es darf sich jederzeit zurückziehen, vor sich hin träumen oder sich auch aus der Gruppe entfernen. Vielleicht können wir es ja beim nächsten Spiel wieder motivieren, mitzumachen.

# 3. Themenorientiertes Arbeiten in Projekten

Der Begriff Projektarbeit hat heute auch in der Elementarpädagogik Fuß gefasst. Ein Projekt befasst sich immer mit einem ausgewählten Thema, das wir gemeinsam mit den Kindern von allen Seiten beleuchten und erarbeiten. Es wird demnach themenorientiert gearbeitet. In diesem Buch verwende ich deshalb anstelle des Begriffs Projektarbeit die Bezeichnung «Themenorientiertes Arbeiten».

Das pädagogische Handlungskonzept des «Themenorientierten Arbeitens» ermöglicht es uns, den Alltag miteinander abwechslungsreich, anregend und spannend zu gestalten, indem wir:

- anhand unserer Beobachtungen ein Thema auswählen, welches den Interessen der Kindergruppe entspricht,
- die Ideen der Kinder aufnehmen und ihnen Gelegenheit geben, ihren Fragen zu diesem Thema ernsthaft nachzugehen,
- die Selbst-, Sozial- und Sachkompetenzen fördern,
- unsere Zielsetzungen mit verschiedenen, dem Alter angepassten Methoden zu erreichen suchen,
- eine Figur ins Projektthema integrieren,
- täglich eine abwechslungsreiche Aktivität für die ganze Kindergruppe anbieten,
- spannende und lustige Spiele erfinden,
- Lieder, Musik, Bewegung und Sinnesförderungen einbauen,
- Geschichten erzählen und darstellen,
- vielseitige Experimente ermöglichen,
- eine Lernwerkstatt einrichten und verschiedene, themenorientierte Angebote für alle Altersstufen im Freispiel bereithalten,
- Impulse für den Kinderalltag geben,
- und das alles ins gewählte Thema einbetten, welches wir projektartig über längere Zeit gemeinsam mit den Kindern erarbeiten, erleben und aufbauen.

Viele Erzieherinnen bestätigen mir, dass sie seit der Einführung des themenorientierten Arbeitens den Tag mit den Kindern fröhlicher, interessanter und abwechslungsreicher verbringen. Und obwohl die tägliche Aktivität vor allem in der Kinderkrippe und der Spielgruppe ein freiwilliges Angebot bleibt, wollen fast immer alle Kinder mitmachen. Es ist interessant zu beobachten, mit welchem Eifer und Freude die Kinder bei den Spielen dabei sind und wie kreativ sie sich selber auch einbringen. Für jene, welche sich von der Gruppenaktivität nicht angesprochen fühlen, steht in dieser Zeit das gesamte Freispielangebot zur Verfügung.

Da wir während der täglichen Gruppenaktivität gezielt mit den Kindern arbeiten, können wir ihr Verhalten und ihre Fortschritte regelmäßig und auch in einem andern Zusammenhang als im Freispiel und Alltag beobachten. Das erweitert unser Wissen über die Lernprozesse der Kinder und es wird somit einfacher, ihre momentane Entwicklung individuell zu begleiten und zu unterstützen.

Das themenorientierte Arbeiten in Projekten kommt dem angeborenen Bedürfnis des Kindes entgegen, die Welt erforschen und begreifen zu wollen. Gleichzeitig unterstützt dieses Konzept die berechtigte Forderung nach mehr Bildung im Kleinkind- und Vorschulalter.

## 3.1  Die Dauer eines Themas

Ein Hauptmerkmal des themenorientierten Ansatzes ist die Dauer der Umsetzung. Das gewählte Thema beschäftigt die Kindergruppe und die Erzieherinnen jeweils während etwa acht bis zwölf Wochen. Diese Konstanz gibt dem Kind Sicherheit und Geborgenheit. Sollte das Thema für einmal doch nicht auf das erwünschte Interesse der Kindergruppe stoßen, wird es entsprechend früher beendet.

Die meisten Kinder werden bis zum Kindergarteneintritt nur teilzeitlich familienergänzend betreut. Es ist deshalb wichtig, das Thema vor allem in Kinderkrippen und in der Spielgruppe über einen längeren Zeitabschnitt zu behandeln, damit teilzeitlich anwesende Kinder überhaupt Wesentliches mitbekommen.

Gleichzeitig wird so auch ein Ausgleich zu unserer hektischen und kurzlebigen Zeit der Medien, Computer und der Technik geschaffen. Niemand hat heute noch Muße zu verweilen. Das themenorientierte Arbeiten während einiger Wochen erlaubt es den interessierten Kindern, sich in Ruhe mit Details zu beschäftigen, Schwieriges zu üben und auch das Kleine zu entdecken. Forschendes Lernen hat hier Platz. Alle haben genug Zeit, um bei der Sache zu bleiben und sich kreativ damit auseinander zu setzen, wenn nicht heute, so morgen.

## 3.2   Die Themafigur

Ein weiteres wichtiges Merkmal ist die Themafigur. Es ist für unsere Arbeit mit den Kindern ein besonderer Gewinn, wenn jedes Thema von einer passenden Figur begleitet wird. Im Thema Garten kann das eine Gärtnerhandpuppe, der Marienkäfer, ein Schmetterling, ein anderes Gartentier oder auch nur ein Stück Holz mit einem Gesicht sein. Diese Figur wird in der Fantasie des Kindes lebendig, es identifiziert sich mit ihr und kann sich in sie hineinfühlen. Auch wenn es nur ein Stück Holz ist, kann dieses Holz Abenteuer erleben, Gefühle zeigen und über magische Kräfte verfügen. Kinder denken in diesem Alter emotional und nicht rational. Fantasie und Realität vermischen sich. Unmögliches wird möglich und Mögliches unmöglich.

Wir Erziehenden sollten uns dieser wunderbaren kindlichen Gabe nicht verschließen. Wenn es gelingt, uns in diese Erlebenswelt einzufühlen, werden uns viele Wege zum kindlichen Gemüt offen stehen. Sobald wir mit einer Figur arbeiten, erleben wir, dass die Kinder sich jeden Tag darauf freuen, sie begrüßen zu können und mit ihr während der Aktivitäten Neues zu erleben. Diese Figur kann auch zusätzliche Geschichten samt ihren Figuren ins Thema einbringen und wird so zum Bindeglied der verschiedenen Schwerpunktthemen.

Wie Dr. Gerhard Friedrich, Erziehungswissenschafter, in seinem Artikel «Auf dem Weg ins Zahlenland» (Heft kindergarten heute, Herder, 1/2003) beschreibt, weiß man aus der Hirnforschung, dass das Gedächtnis gegenüber Ereignissen besonders stabil ist. Dies gilt speziell dann, wenn Ereignisse mit positiven oder auch negativen Emotionen gekoppelt sind. Möchte man in der pädagogischen Arbeit diesen Effekt ausnützen, gilt es aus einem Thema ein Ereignis zu machen. Wenn die Kinder dann mit Freude,

Spaß und Gefühl bei der Sache sind, werden sie dabei viel lernen und das Gelernte auch gut vernetzt im Gedächtnis behalten können.

Eine Figur, welche durchs Thema führt, ist ein gutes didaktisches Mittel, dieses Thema jeden Tag zu einem Ereignis werden zu lassen. Wenn es uns gelingt, unsere Aktivitäten und Angebote kindgerecht und spannend umzusetzen, wird das Thema für alle zu einem Erlebnis, an das wir uns später gerne erinnern.

Das oft nur teilzeitlich an wenigen Tagen pro Woche von uns betreute Krippen- oder Spielgruppenkind, aber auch das Kindergartenkind erlebt dank der Figur und dem lang dauernden Thema Beständigkeit. Beides wird zum ruhenden Pol im Kinderalltag. Das Kind kann sich schon daheim auf die Figur, die Lieder und Spiele freuen und weiß, dass sich die ganze Gruppe noch immer mit derselben Sache beschäftigt.

Daraus folgt, dass jedes Thema nicht nur sorgfältig aufgebaut, sondern auch abgeschlossen werden muss, damit sich die Kinder auf dessen Ende vorbereiten können. Die Figur wird sich natürlich persönlich von jedem Einzelnen verabschieden wollen, bevor sie dann wieder in die Welt hinauszieht.

## 3.3 Kurze Pause zwischen zwei Themen

Nach einem intensiv erarbeiteten Thema sollte unbedingt eine zwei- bis dreiwöchige Pause eingeschaltet werden, bevor eine neue Thematik in Angriff genommen wird. So können die Kinder das Erlebte nochmals richtig verarbeiten.

## 3.4 Lange Themen erfordern Kreativität

Es erfordert von uns Erzieherinnen allerdings etwas Übung und Kreativität, das Thema auch noch nach mehreren Wochen abwechslungsreich zu gestalten. Es ist aber wichtig, innerhalb des Themas vielfältige Herausforderungen und auch immer wieder Überraschungen einzuplanen, um die Entwicklung des Gehirns zu fördern. Es gilt, die richtige Balance zwischen neuen Angeboten und vertrautem Altbekanntem zu finden.

# 4. Vorbereitungen zur Wahl eines Themas

## Pädagogisches Arbeiten ist immer planendes Handeln!

Auf die Frage, wie sie mit den Kindern arbeite, antwortete eine Erzieherin: «Jedes Mal, wenn die Kinder eine gute Idee haben, greifen wir sie auf und machen etwas dazu!»

Taucht zum Beispiel ein Kaminfeger auf der andern Straßenseite auf, wird gleich der Kaminfeger thematisiert, und wenn die Kinder am nächsten Tag eine Katze im Garten entdecken, werden Katzenspiele gemacht und Katzenbilder gezeichnet. Ohne Planung und ohne Ziele wird ein Anlass oder eine Situation ins Zentrum des Kinderalltages gerückt – heute dies, morgen das.

Frau Ulla Grob-Menges, Präsidentin des Schweizerischen Krippenverbandes SKV, erklärte in einer früheren info@ffk-Broschüre, dass pädagogisches Arbeiten immer auch ein planendes Handeln sei, oben erwähnte Art mit den Kindern zu arbeiten ihr hingegen wie eine «Event-Didaktik» erscheine.

Pädagogisches Arbeiten soll aber keine Event-Didaktik sein. Es setzt im Gegenteil eine sorgfältige Planung voraus.

Die Planung des themenorientierten Arbeitens umfasst folgende Schritte:
1. Systematisches Beobachten der Kindergruppe, Situationsanalyse erstellen.
2. Richtziele festlegen.
3. Wahl eines großen Themas, dabei kindgerechte Kriterien berücksichtigen.
4. Planung der folgenden Wochen: thematische Schwerpunkte suchen, Grobziele festlegen, Material sammeln, die Kinder mit einbeziehen.
5. Tagesplanung: Ziele formulieren, die geführte Aktivität und Angebote fürs Freispiel vorbereiten, Alltagsgestaltung.
6. Planung der Zusammenarbeit mit den Eltern.
7. Raumgestaltung.
8. Reflexion nach jedem Tag, jeder Woche, am Schluss des Themas: allein, im Team, mit den Kindern.

Das Suchen und Planen eines passenden Themas erfordert Zeit – ein Faktor, der nicht unterschätzt werden darf. Viele Erzieherinnen sind leider der Ansicht, darüber nicht zu verfügen.

An dieser Stelle möchte ich aber zu bedenken geben, dass es eine der wichtigsten Aufgaben von Erzieherinnen ist, den Kindern eine fröhliche, anregende Umgebung zu schaffen, sie immer wieder mit pädagogischen Angeboten herauszufordern und dabei ihre Entwicklung liebevoll und einfühlsam zu begleiten.

Wollen wir unsere Arbeit professionell gestalten und Qualität bieten, kommen wir nicht darum herum, unsere Zeit sorgfältig einzuteilen und Prioritäten zu setzen. Jede Erzieherin sollte ihr Zeitmanagement im Griff haben und überlegen, wann die Möglichkeit besteht, zu beobachten, zu planen und sich vorzubereiten.

Die Kinder brauchen Erwachsene, die sich für sie interessieren und sich Zeit nehmen. Zeit auch, um die kindlichen Lernprozesse zu planen und zu begleiten.

## 4.1   Die Suche nach dem passenden Thema

Wollen wir herausfinden, welche Themen die Kindergruppe im Moment interessieren, kann uns eine genaue Situationsanalyse (Standortbestimmung der Gruppe) Hinweise darauf geben.

Auf Grund ihrer Beobachtungen treffen Erzieherinnen jeden Tag Entscheidungen. Es gehört zu ihren fachlichen Kompetenzen, zwischen Gelegenheitsbeobachtungen, Wahrnehmungen und systematischer Beobachtung sowie Beurteilung unterscheiden zu können. In jeder pädagogischen Ausbildung lernt man das gezielte Beobachten von Verhalten, ohne dieses gleich zu interpretieren. Erst nachdem die Erzieherin regelmäßig und schriftlich das Tun und

Verhalten der Kindergruppe beobachtet hat, kann sie daraus Schlüsse ziehen. Wenn sie die aktuellen Interessen, Fähigkeiten und Bedürfnisse, aber manchmal auch Schwierigkeiten der Kinder ihrer Gruppe möglichst genau kennt, kann sie darauf eingehen und ein passendes Thema suchen. In dieses Thema muss sie auch die gewählten pädagogischen Ziele und didaktischen Maßnahmen sinnvoll einbetten können.

Innerhalb einer altersgemischten Kindergruppe werden allerdings sehr unterschiedliche Entwicklungsthemen, Interessen sowie Stärken und Schwächen beobachtbar sein. Jedes Kind bringt außerdem seine persönlichen Erfahrungen auf sozialem und emotionalem Gebiet wie auch seinen familiären und kulturellen Hintergrund samt dessen Wertsystem mit.

Trotzdem können wir durch systematisches, fortlaufendes Beobachten oft Schwerpunkte in den Handlungen, dem Verhalten und den Gesprächen der Kinder entdecken.

So genannte Schlüsselsituationen geben Hinweise auf wichtige aktuelle Themen, welche eine Mehrheit der Kindergruppe im Moment beschäftigen. Dabei handelt es sich wie bereits erwähnt um **Interessen**, **Bedürfnisse** oder manchmal auch um **Schwierigkeiten**.

Dazu je ein Beispiel:

**Zu Interessen:**

Als Erzieherin beobachte ich zum Beispiel seit Tagen, dass die Kinder im Garten Schnecken suchen, Ameisen auf Blätter laufen lassen oder sie manchmal auch zertreten, Regenwürmer auf Stecken aufladen und durch den Garten tragen. Zudem stellen sie viele Fragen rund um diese kleinen Tiere, und das Tierlexikon wird öfters angeschaut.

Dieses aktuelle Interesse könnte Anlass sein, den Garten als Lebensumfeld näher kennen zu lernen. Das Thema Garten ließe sich in viele Schwerpunktthemen unterteilen und mit Bilderbüchern und einer Themafigur abwechslungsreich erarbeiten.

**Zu Bedürfnisse:**

Es fällt auf, dass viele der Kinder in letzter Zeit unruhig sind und häufig durch die Räume rennen. Dank systematischem Beobachten komme ich zum Schluss, dass die Kinder wirklich jede Gelegenheit nutzen, um zu toben, zu rennen und zu hüpfen. Sie funktionieren Stühle zu Schubkarren um, benützen Kissen als Trampoline und spielen um die Tische herum Fangen.

Offensichtlich besteht ein ausgeprägtes Bedürfnis nach grobmotorischer Bewegung. Da die Einrichtung der Räume diesem Bedürfnis nicht gerecht wird, könnte zum Beispiel das Thema Bewegung dazu führen, die Raumgestaltung auf ihre Zweckmäßigkeit hin zu analysieren und allgemein mehr Bewegung im Alltag und während der geführten Aktivitäten zu ermöglichen.

Auch in dieses Thema lassen sich passende Bilderbücher und Geschichten sowie eine lustige Themafigur integrieren.

**Zu Schwierigkeiten:**

Nach regelmäßigem Beobachten sehen die Erzieherinnen ihre Wahrnehmungen bestätigt: Die Kinder können sich nicht mehr ins Spiel vertiefen, sondern reißen alles aus den Gestellen, streiten sich sogar darum und lassen dann doch alles ungenutzt liegen. Hin und wieder entsteht für kurze Zeit ein Rollenspiel, doch meist endet auch das in Streitereien. Nur die Kleinen können sich ab und zu in ein Spiel vertiefen, den großen Kindern scheint es inmitten all der Spielsachen langweilig zu sein.

Vielleicht gelingt es, das Spielverhalten positiv zu beeinflussen, indem für die kommende Zeit die Spielsachen in die Ferien geschickt werden und dafür wertloses Material und «Zeug zum Spielen» (Wolle, Tücher, Körbe, Haushaltgegenstände…) zur Verfügung gestellt werden. Nach dem Motto «Weniger ist mehr» hieße das Thema dann: Spielanregungen durch wertloses Material und «Zeug zum Spielen». Dieses Material würde jeweils in gezielten Aktivitäten von der Themafigur eingeführt.

Anhand der schriftlich festgehaltenen Beobachtungen versuchen wir nun zu beurteilen, welches Thema als Nächstes für die Kinder wichtig und entwicklungsfördernd sein könnte.

## 4.2   Erstellen einer Standortbestimmung der Gruppe

Um eine Gruppenstandortbestimmung zu erstellen, ist es hilfreich, mit einem Raster zu arbeiten. Im Gegensatz zu Kindergärten werden in Kinderkrippen allerdings mehrere Standortbestimmungen zu erarbeiten sein, um alle Gruppen innerhalb einer Woche zu erfassen. Da viele Kinder nur teilzeitlich anwesend sind, wechselt die Gruppenzusammensetzung täglich. Aus diesen verschiedenen Standortbestimmungen werden vielleicht gemeinsame Interessen ersichtlich, können Ziele abgeleitet werden, welche dann die Wahl eines Themas erleichtern.

Ein Raster für die Erstellung einer Situationsanalyse unterstützt die Suche nach Antworten zum sozialen Verhalten und der Dynamik der Gruppe, den Fähigkeiten, Spielinteressen und dem Entwicklungsstand der Kindergruppe. (Mehr dazu in «Beobachten und Beurteilen in Kindergarten, Hort und Heim», Peter Thiesen, Beltz, 2003, oder «Beobachten und dokumentieren im pädagogischen Alltag», S. Viernickel / P. Völkel, Herder, 2005.)

Fachpersonen sind sich nicht einig, ob eine systematische Beobachtung anhand eines Rasters durchgeführt werden soll oder nicht. Gegner kritisieren, dass Raster dazu verführen, nur nach dem zu suchen, was aufgelistet ist. Sie sind der Ansicht, dass ein solches möglicherweise den Blick auf das versperrt, was wirklich von Bedeutung ist.

Ich denke, dass jede Erzieherin ausprobieren muss, ob sie mit oder ohne Raster die genaueren Beobachtungsresultate erzielt.

Auch eine Analyse der Gruppe, die ohne Raster durchgeführt wird, hat den Anspruch, aktuelle Interessen und Lernprozesse der Kinder zu erkennen, Ziele zu formulieren und ein für alle bedeutsames Thema zu finden.

Anhand der Fragen «Was sehe und höre ich?» werden die Handlungen und Gespräche der Kinder protokolliert. Es ist wichtig, dies vorerst ohne Wertung zu tun – «Max lacht» und nicht «Max lacht schadenfreudig».

Anschließend werden die Resultate analysiert. Arbeitet man im Team, werden die Ergebnisse gemeinsam diskutiert und verglichen. Zum Schluss interpretiert man die Beobachtungen und dabei ergeben sich vielleicht Hinweise auf die momentanen Themen der Kinder.

Was ist aber zu tun, wenn keine gemeinsamen Interessen erkennbar sind und sich kein Thema wirklich aufdrängt, was in Gruppen mit grosser Altersdurchmischung hin und wieder vorkommen dürfte?

Dann gilt es zu überlegen, was die älteren wie auch die jüngeren Kinder vom Entwicklungsstand, von ihrem Erlebnisumfeld und dem Vorwissen her ansprechen und interessieren könnte und was sie zu selbständigem Handeln anregen würde.

Als Erziehende haben wir zudem die Aufgabe, Themen wie Abschied nehmen, Streit, Rücksichtnahme, die Familie, die Natur und andere mehr an die

Kinder heranzutragen, welche ihnen ihr Hineinwachsen in unsere Gesellschaft und in unsere Kultur erleichtern und ihren Erfahrungshorizont erweitern.

Stehen gerade mehrere Austritte von Kindern bevor, könnten wir uns folgendes Richtziel setzen: «Die Kinder lernen, mit Veränderungen umzugehen» und dann das Thema Abschied anhand des Bilderbuchs «Abschied von der Raupe» mit den Kindern gemeinsam erarbeiten.

Es bleibt in jedem Fall unser pädagogisches Leitziel, den Kindern vielseitige Erfahrungen über alle Sinne und die Bewegung in einer anregenden Umgebung zu ermöglichen. Wenn wir anhand der Situationsanalyse überlegen, wie wir die Kindergruppe bei ihrem Lernen unterstützen und begleiten können, werden wir uns der Stärken und Schwächen dieser Gruppe bewusst.

Beim Zusammenstellen der geführten Aktivitäten für die Wochenplanung wählen wir sinnvollerweise Lernziele, die sich am durchschnittlichen Entwicklungsstand der Kindergruppe orientieren. Dank einer abwechslungsreichen Gestaltung findet jedes Kind immer wieder Spiele, die es herausfordert und anspricht.

Bei der Planung des Freispiels können wir dann den individuellen Bedürfnissen der Kinder besser gerecht werden, indem wir anhand unserer Beobachtungen vielfältige Spielmöglichkeiten mit unterschiedlichen Schwierigkeitsgraden bereitstellen und für das Einzelne auch einmal gezielt eine spielerische Förderung anbieten.

### Stärken weiterentwickeln – Defizite wahrnehmen und ausgleichen?

Es ist immer ein pädagogisches Abwägen, ob man nun Stärken weiterentwickeln oder Schwächen ausgleichen soll. Dieser Entscheid muss jedes Mal von neuem gefällt werden.

Im Kindergarten hat die Meinung an Gewicht gewonnen, die Kinder vermehrt in jenen Bereichen zu unterstützen und zu fördern, in welchen sie wirklich Interesse zeigen und Stärken haben. Im Krippenbereich, aber auch bei Eltern beobachte ich hingegen, dass oft noch das Suchen und Erkennen von Defiziten und deren Aufarbeitung im Vordergrund stehen.

Bildung beginnt schon bei der Geburt, und seit der Pisastudie ist auch klar, dass wir unseren Kindern den Start ins Erwachsenenleben erleichtern, wenn wir dieses Wissen konsequent umsetzen. Deshalb müssten auch Kinderkrippen und Eltern vermehrt umdenken und neben dem Defizitausgleich (Wo haben die Kinder Schwierigkeiten?) in gleichem Maße auch die Stärken fördern (Was interessiert die Kinder besonders?). Die Gehirnforschung hat in eindrücklicher Weise gezeigt, dass gerade kleine und kleinste Kinder, eben Krippen- und Spielgruppenkinder, über ein enormes Entwicklungspotenzial verfügen, welches wir oft unterschätzen. Und dass sie dort am besten lernen, wo positive Emotionen, Interesse und Motivation im Spiel sind.

Wir bereiten die Kinder in der heutigen Zeit gut auf das Leben vor, wenn wir ihre Talente wahrnehmen. Im Beruf sind selbstbewusste Spezialisten gefragt, die anhand ihrer Stärken ausgewählt werden. Es ist deshalb nützlich, wenn wir schon im frühen Kindesalter solche Begabungen und Interessen erkennen und fördern.

Gleichzeitig sehe ich aber in einer einseitigen Spezialisierung auch eine Gefahr. Menschen müssen sich in vielfältigen Situationen bewähren und auch Ungewohntes meistern können. Darum gehört es auch zur pädagogischen Arbeit, zu versuchen, auffällige Schwächen auszugleichen. Was nützt es der hoch qualifizierten Krankenschwester, wenn sie zwar ihr Fachgebiet bestens beherrscht, dafür aber nicht kommunikationsfähig ist und Arbeitskollegen wie Patienten mit ihren unsensiblen Aussagen vor den Kopf stösst?

Es ist bestimmt richtig, auf eine vielseitige und ausgeglichene Förderung aller Kompetenzbereiche der Kindergruppe hinzuwirken, den Schwerpunkt dabei aber auf die Weiterentwicklung der Stärken zulegen.

Zeigt ein Kind auffällige Defizite, muss natürlich eine schnelle Abklärung in die Wege geleitet werden. Dies ist wichtig, denn erhärtet sich der Verdacht auf eine Behinderung, ist eine möglichst frühzeitige Therapie in dieser sensiblen Aufbauphase des Gehirns von grosser Bedeutung.

## 4.3   Pädagogische Ziele

Bevor wir Erzieherinnen beginnen, Kinder zu betreuen und in ihrer Entwicklung zu begleiten, müssen wir unsere eigene Haltung ihnen gegenüber reflektieren. Was ist uns wichtig im Umgang mit den Kindern? Sind wir bereit, ihnen so viel Zuwendung und Geborgenheit zu geben, wie sie für ein gesundes Heranwachsen brauchen? Welche Lernprozesse wollen wir initiieren und begleiten? Welche Handlungs- und Erfahrungsmöglichkeiten sollen die Kinder erhalten?

Solche und andere Fragen führen dazu, Leitziele und daraus abgeleitete Richtziele für unsere tägliche Arbeit zu formulieren. Arbeiten wir in einem Team, ist es hilfreich, gemeinsam pädagogische Grundsätze zu diskutieren und festzulegen.

### Ziele unserer Gesellschaft

Jede Gesellschaft wird durch ihre Kultur und ihre moralischen Werte stark geprägt. Auch unsere westliche Kultur orientiert sich an generellen Zielvorstellungen bei der Erziehung der Kinder. Dieses Leitbild geht von der Vorstellung eines moralisch mündigen und handlungsfähigen Menschen aus.

Das *generelle Ziel* westlicher Gesellschaften für die Erziehung unserer Kinder könnte demnach lauten:

«Es ist unser Ziel, die Entwicklung der Kinder individuell zu  unterstützen und zu begleiten und sie zu kompetenten, liebes- und beziehungsfähigen, verantwortungsbewussten, selbständigen, moralisch mündigen und handlungsfähigen Menschen zu erziehen.»

Dieses generelle Ziel verpflichtet uns, unsere Haltung und unser Handeln gegenüber den uns anvertrauten Kindern immer wieder aufs Neue zu überdenken und anzupassen. Die meisten pädagogischen Institutionen bemühen sich, anhand dieser gesellschaftlichen Werte und Normen ihre pädagogischen Konzepte, Leitbilder und Richtlinien zu formulieren und im Alltag mit den Kindern umzusetzen.

### Die Hierarchie pädagogischer Ziele

Ein *Leitziel* leitet unser Handeln übergeordnet, ist wie das Dach eines Hauses, unter welchem sich das Leben abspielt. Das Wissen, unter welchen Bedingungen sich unser Gehirn optimal entwickelt, gibt uns bereits viele pädagogische Ziele vor. Das Kind muss seine Sinne aktiv handelnd einsetzen und sich bewegen können. Zudem baut es zwischenmenschliche Beziehungen auf, in deren Wechselspiel es verschiedene Regeln des Zusammenlebens erfährt und lernt.

Das Leitziel einer pädagogischen Institution, beispielsweise einer Kinderkrippe, könnte deshalb folgendermaßen formuliert werden:

«In einer anregenden Umgebung gebrauchen die Kinder von Geburt an alle ihre Sinne auf vielfältige Art und Weise, üben Bewegungsabläufe, lernen sprechen, setzen sich entsprechend ihrer individuellen Fähigkeiten mit den Mitmenschen und der Umwelt auseinander, können zunehmend ihr Handeln über ihre Gedanken beeinflussen sowie Probleme selbständig lösen, und entwickeln ihre Persönlichkeit.»

Für die Verwirklichung der generellen Ziele der Gesellschaft sowie der Leitziele unserer pädagogischen Arbeit steht die ganze Kindheit zur Verfügung. Wenn die Kinder ins Erwachsenenleben übertreten, also am Ende der Adoleszenz, sollten diese Ziele weit gehend erreicht sein. Deshalb können solche Zielformulierungen nicht ins Detail gehen, sondern bestimmen lediglich die allgemeine Richtung in der Erziehung.

Für einen noch immer langen, aber überschaubaren Zeitraum werden hingegen *Richtziele* formuliert. Richtziele eignen sich als Orientierungshilfe für weitere Ziele und haben die Aufgabe, Leitziele genauer zu beschreiben. Sie formulieren bereits etwas konkreter die angestrebte Entwicklung der Selbst-, Sozial- und Sachkompetenz der Kinder und unterstützen demnach gezielt den Erwerb von Fertigkeiten und Fähigkeiten. Sie sollen in der vorgegebenen Zeit schrittweise erreicht werden.

Solche Schritte beschreibt man zuerst in Grobzielen und danach sehr detailliert in mehreren Feinzielen.

*Grobziele* grenzen das angestrebte Ziel bereits näher ein, indem sie einen Kompetenzbereich der Richtziele auswählen und beschreiben, was innerhalb dieses Bereichs erreicht werden soll. Sie haben einen mittleren Grad an Eindeutigkeit und Präzision.

*Feinziele* hingegen werden nun sehr genau das Ziel beschreiben und sind in ihrer Aussage ganz konkret und eindeutig. Damit sind sie in ihrer Erfüllung auch überprüfbar.

Grob- und Feinziele tragen dazu bei, das ihnen übergeordnete Ziel zu erreichen: Grobziele helfen, die gesetzten Richtziele längerfristig zu erfüllen und Feinziele tun dasselbe für die Grobziele.

Feinziele können oft in kürzester Zeit erreicht werden, zum Beispiel innerhalb einer geführten Aktivität.

Zur Hierarchie von pädagogischen Zielen zwei Beispiele:

Richtziel:    Gemeinschaft erleben.

Grobziel:    Die Kinder erleben sich als Teil einer Gruppe und können gemeinsam Entscheidungen treffen.

Feinziel:    Die Kinder sind in der Lage, die Aufgabe, das Fenster gemeinsam zu bemalen, miteinander zu besprechen und sich auf eine Lösung zu einigen. Sie beschaffen die ausgewählten Farben und planen gemeinsam das Vorgehen. Sie führen die Aufgabe miteinander aus.

Richtziel:    Die Wahrnehmungsfähigkeit weiterentwickeln.

Grobziel:    Die Kinder erweitern und verfeinern ihre visuellen Fähigkeiten.

Feinziele:    Die Kinder erkennen die von der Erzieherin vorbestimmten Gegenstände auf einem Bild.
Sie sind in der Lage, diese Gegenstände im Raum zu finden.
Die größeren Kinder betrachten sie genau und beschreiben sie.

Indem Pädagogen zielorientiert arbeiten, gehen sie davon aus, dass zielgerichtetes Lernen zu kompetentem Handeln der Kinder in verschiedenen Lebensbereichen führt.

Innerhalb des themenorientierten Arbeitens ist das Formulieren von Bildungszielen, unterteilt in Richt-, Grob- und Feinziele, ein wichtiges pädagogisches Instrument. Damit geling es, gezielt Lernprozesse in Gang zu setzen und die Entwicklung der Kinder aktiv zu unterstützen.

**Definition Selbstkompetenz, Sozialkompetenz, Sachkompetenz**
*(«Erziehungslehre», 1996, S.112)*

* *Selbstkompetenz* ist die Fähigkeit, über sein Leben selbstverantwortlich zu bestimmen, es eigenständig zu gestalten und mit sich selbst zurechtzukommen.

- *Sozialkompetenz* ist die Fähigkeit, mit andern Menschen partnerschaftlich und verantwortungsvoll umzugehen.
- *Sachkompetenz* ist die Fähigkeit, mit der sachlichen Umwelt und der Natur verantwortlich umzugehen und sich in ihr zurechtzufinden.

*Mündigkeit* bedeutet die Fähigkeit, verantwortungsvoll mit sich selbst, mit andern Menschen sowie mit der Sachwelt umzugehen und zurechtzukommen. Ein mündiger Mensch verfügt demnach über gut entwickelte Selbst-, Sozial- und Sachkompetenz.

## 4.4   Das Formulieren von Zielen

Schon immer hat die Diskussion darüber, wie Lernziele korrekt formuliert werden sollen, die Gemüter erhitzt. Es gibt jedoch einige Kriterien, welche von allen Seiten akzeptiert und auch vermittelt werden:

- Ein Ziel beschreibt das Verhalten, eine beobachtbare Handlung von Lernenden.
- Ein Ziel beschreibt ein erwünschtes, in der Vorstellung vorweggenommenes Verhalten, einen Endzustand, eine angestrebte Veränderung.
- Das Endverhalten ist möglichst eindeutig und präzise beschrieben.
- Ein Ziel ist positiv formuliert.
- Ein Ziel ist eine Herausforderung, aber trotzdem erreichbar.
- Ein Ziel ist überprüfbar.

### Das Festlegen von Zielen

Dabei stellen wir uns die folgenden Fragen:

*Was* wollen wir bei unseren Kindern fördern, unterstützen, entwickeln? Hier werden vor allem die Bereiche Selbst-, Sozial- und Sachkompetenz berücksichtigt.

*Wozu* sollen sie diese Fertigkeit, Fähigkeit erwerben?
*Wie viel* soll erreicht werden?
Ist das Ziel realistisch und kann es erreicht werden?
*Bis wann* soll das Ziel erreicht werden?
Ist das Lernziel für die Kinder *sinnvoll?*

### Hilfen für das Formulieren von überprüfbaren Zielen

1. Die Beschreibung des von den Kindern erwarteten Endverhaltens muss in eindeutigen Begriffen formuliert werden. Es wird nicht der Lernprozess beschrieben, sondern das Verhalten danach. Dazu benutzt man Tätigkeitswörter (Verben), welche ein beobachtbares Verhalten beschreiben. Es reicht für die Überprüfbarkeit zum Beispiel nicht, zu sagen, dass die Kinder die Tiere kennen. Es muss vielmehr eine beobachtbare Handlung beschrieben werden: «Die Kinder erzählen, wie die Tiere heißen.»

   *Ungeeignete Verben* sind deshalb: Wissen, kennen, verstehen, erfahren, lernen und ähnliche.
   Diese Verben sind weder beobachtbar noch überprüfbar, deshalb müssen sie immer mit jenen kombiniert werden, die eine Handlung beschreiben (siehe unter «Geeignete Verben»).
   Hier das Beispiel einer solchen Kombination: «Die Kinder kennen die Tiere und erzählen, wie sie heißen.»

   *Geeignete Verben* hingegen sind: Anziehen, arbeiten, aufführen, auffüllen, aufsagen, beschreiben, darstellen, einordnen, einteilen, erzählen, helfen, herstellen, nennen, planen, putzen, singen, sortieren, unterscheiden, untersuchen, verwenden, wählen, waschen, zeichnen, zubereiten und viele mehr.

2. Es hilft uns manchmal, einen beobachtbaren Endzustand zu beschreiben, wenn der Zielsatz folgendermaßen beginnt: «Die Kinder sind in der Lage…». Diese Formulierung zwingt uns eher zu beschreiben, was man konkret tut (beobachtbare Handlung) und nicht nur, was man weiß oder erfahren hat.

3. Soll das Ziel bis ins Detail beschrieben sein und möglichst keine Interpretation mehr möglich sein, kann man außer einem eindeutigen Verb noch zusätzliche Angaben machen über:

- **die Mittel, Bedingungen (wie?)**, deren sich die Kinder bedienen dürfen oder nicht → anhand von, mit/ohne Hilfe von…
- **den Beurteilungsmaßstab (wie gut, wie viel, wann?**) in Bezug auf die Qualität, Menge, Zeit → verständlich, erkennbar, drei, alle, jetzt, morgen…

Ein Beispiel dazu: «Die Kinder können anhand von Bildern drei Tiere benennen und deren Stimmen erkennbar nachahmen.»

Dieses Ziel kann sofort und genau überprüft werden, die Erzieherin hört, ob die Kinder die Tiere richtig benennen und auch, ob sie deren Stimmen nachahmen können. Sollte das nicht der Fall sein, kann sie die angewandten Lernmethoden überdenken und der Kindergruppe besser anpassen.

Wird mit einer altersdurchmischten Kindergruppe gearbeitet, ist es sinnvoll, die Ziele abgestuft auf die unterschiedlichen Entwicklungsstadien zu formulieren. Ein Zweijähriges kann meistens noch nicht die gleichen Leistungen erbringen wie ein Vier- oder Fünfjähriges, deshalb passen wir die Ziele wie folgt an:

«Die größeren Kinder können anhand von Bildern drei Tiere benennen und deren Stimmen erkennbar nachahmen. Die kleineren Kinder sind in der Lage, den Hund auf dem Bild zu erkennen und seine Stimme nachzuahmen.»

## 4.5   Welche Themen eignen sich für kleine Kinder?

Wenn wir uns nun anhand unserer Situationsanalyse und der Zielsetzungen auf die Suche nach einem passenden Thema für die Kindergruppe machen, gilt es folgende *Kriterien* zu berücksichtigen:

Das Thema soll
- an die Interessen der Kindergruppe anknüpfen,
- das Erlebnisumfeld der Kinder einbeziehen,
- den Entwicklungsstand der Mehrzahl der Kinder berücksichtigen,
- das Gemüt und die Fantasie der Kinder ansprechen,
- die Entwicklung der Sinne und der Bewegung fördern,
- zu eigenem Handeln und Denken anregen,
- die Sprache fördern,
- die Situation der Kindergruppe, der Institution, der Umgebung einbeziehen,
- an das Vorwissen der Kinder anknüpfen,
- Lernprozesse ermöglichen,

- sich an die Jahreszeiten anlehnen,
- das Erreichen verschiedener Erziehungs- und Lernziele unterstützen
- und die geistigen, sozialen und emotionalen Fähigkeiten und Bedürfnisse der Kinder weder unter- noch überfordern.

Hier nun einige *mögliche Themen* für Klein- und Vorschulkinder:
- Brauchtum und Feste wie Räbeliechtliumzug, Samichlaus, Weihnachten, Fasnacht, Ostern, Jahrmarkt, Zirkus.
- Die einzelnen Jahreszeiten, Zoo, verschiedene Tiere vom Bär bis zum Schmetterling, wie leben Tiere in der Nacht, Bauernhof, Garten, Markt, die vier Elemente Wasser/Feuer/Erde/Luft, Wald, Steine, unser Dorf/Stadt, die Bergwelt.
- Zwerge, Feen, pfiffige Hexenmädchen und Zauberlehrlinge, Prinzen und Prinzessinnen, Drachen, Helden (auch mal aktuelle aus den Medien).
- Für größere Kinder auch Indianer, Inuit, Afrika, Weltreise, Kommunikation früher/heute (Gespräch, Brief, Telefon, Funk, Computer), Musical, Umweltschutz, Zahlen- und Buchstabenprojekte.
- Fahrzeuge, Baumaschinen, Flugzeuge, Feuerwehr, Eisenbahn/Tram/Bus, Schiffe.
- Bäcker, Post, Arzt/Spital, Schneider und weitere Berufe.
  Was arbeitet der Vater, was die Mutter?
- Familie, Partizipation, Ich bin Ich, der Körper, die Sinne.
- Kindergeschichten über Freundschaft, Ausgrenzung, Streit, Rücksichtnahme, Anderssein, Abschied, Trauer.
- Farben, Formen, Kinderatelier, Kunst, Musik, Spielen mit wertlosem Material.
- Auch aktuelle, vielleicht nur kurzlebige Kinderthemen aus den Medien können einmal im Mittelpunkt stehen.
- Lustige und spannende Kindergeschichten.

Die Liste ist natürlich unvollständig.

Viele Märchenexperten empfehlen, erst im Kindergarten mit einfachen Märchen zu beginnen. Da es schöne Kindergeschichten und eine reiche Auswahl an Bilderbüchern gibt, sind wir nicht auf die recht komplexen, tiefsinnigen Märchen angewiesen.

Setzt sich die Gruppe aus Kindern verschiedener Nationen zusammen, ergibt sich bei der Wahl eines neuen Themas die Gelegenheit, diese Kulturenvielfalt einmal in den Mittelpunkt zu rücken. Besonders eignen sich dabei sinnliche

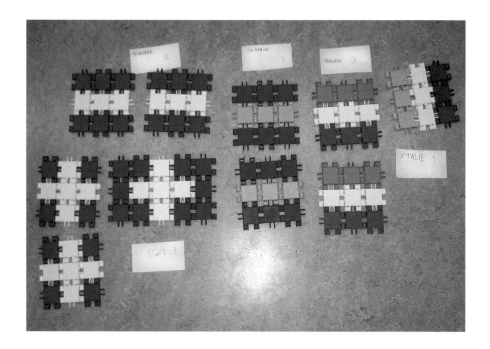

Erlebnisse wie Volkstänze, Essen, Kleider, Geschichten, Landesfahnen, Lieder und Begrüßungen in allen vorhandenen Sprachen. Vielleicht interessieren sich die Größeren auch dafür, wo sich diese Länder auf der Weltkugel befinden.

Natürlich kann auch ein reichhaltiges Bilderbuch zum großen Thema werden. Im Winter könnte das zum Beispiel «Der große Schnee» von Alois Carigiet sein. Hier lassen sich ebenfalls Schwerpunktthemen herauskristallisieren und viele Aktivitäten erarbeiten. Die Hauptfiguren der Geschichte, das Mädchen Flurina und der Schellenursli, können dann als Themafiguren auftreten und sollte das Interesse der Kinder groß sein, plant man ohne Probleme eine Fortsetzung mit einem weiteren Buch zum Thema Schnee. Eine Themafigur, geschickt als Bindeglied eingesetzt, schafft solche Übergänge spielend.

Ganz wichtig ist es, Themen zu wählen, welche man mit dem aktuellen Alltag und der Lebenswelt der Kinder verknüpfen kann. Fehlt nämlich dieser Transfer, können die Kinder keinen Bezug machen zwischen Gelerntem in Krippe, Spielgruppe oder Kindergarten sowie ähnlichen Situationen außerhalb solcher Institutionen. Das neue Wissen kann dann möglicherweise nicht sinnvoll angewandt werden.

Frau Dr. Kristin Gisbert beschreibt im Artikel «So lernen Kinder» (Heft kindergarten heute, Herder, 2/2004) Antworten von Kindern, die an einem Projekt über geometrische Formen (Kreis, Quadrat, Dreieck, Rechteck) teilgenommen hatten. Auf die Frage, welche Form die Banane oder ein Ei habe, antworteten einige Kinder, sie hätten keine Form, denn diese Formen waren nicht besprochen worden. Als sie gefragt wurden, wo sie die geometrischen Grundformen im Alltag noch finden könnten, meinten sie, diese gäbe es nur im Kindergarten, nicht aber außerhalb. Die Kinder konnten die konkreten Formen nicht in Alltagsgegenständen wieder erkennen und sie damit überall anwenden. Der fehlende Transfer verhinderte die breite Vernetzung im Gehirn, das Wissen blieb isoliert und auf den Kindergarten beschränkt.

Wenn wir aber immer wieder Verbindungen von unseren Aktivitäten zur Lebenswelt der Kinder machen und sie und die Eltern auffordern, auch daheim diese Themen ab und zu in ihren Alltag einzubeziehen, können sich neues Wissen und neue Erfahrungen im Gehirn vielseitiger vernetzen und sind somit in unterschiedlichen Lebenssituationen abrufbar.

Erzählen wir zum Beispiel eine Geschichte von Schnecken, beobachten im Zimmer, wie sie kriechen und hören, wo sie leben und was sie fressen, können wir draußen auf einem Spaziergang weitere Schnecken suchen. Und wenn wir die Kinder auffordern, auch zuhause zu schauen, ob sich dort unter Büschen Schnecken verstecken, dann bleibt das Erlebte nicht nur auf unsere Institution beschränkt. Und vielleicht findet das eine oder andere daheim noch Bilder von Schnecken und bringt sie mit.

So entwickeln sich themenorientierte Bildungsprozesse nicht nur in unseren Räumen, sondern lassen sich auch in die Familie und den Alltag der Kinder übertragen. Das ist einerseits für das vernetzte Lernen der Kinder von Bedeutung, andererseits vermittelt es ihnen zudem ein Gefühl von Vertrautheit und Sicherheit, wenn sie Gelerntes plötzlich wieder erkennen und immer mehr darüber wissen.

Arbeiten wir themenorientiert, kann es also nur von Vorteil sein, die Eltern vor und während eines Themas auf dem Laufenden zu halten, damit sie die Möglichkeit haben, dieses daheim mit ihrem Kind zu vertiefen. Wie gut der Einbezug der Eltern gelingt, hängt auch ein wenig von unserer Hartnäckigkeit ab, sie immer wieder aufzufordern, sich für unsere Themen zu interessieren.

Die Auswahl an passenden Themen für das Klein- und Vorschulkind ist riesig. Wenn wir uns an die aufgeführten Kriterien halten, werden wir mit dem

Thema die Kindergruppe ungefähr dort abholen können, wo sie in ihrer Entwicklung und mit ihren Interessen steht und bestimmt gemeinsam viel Spaß haben.

Sobald wir die Kinder für ein Thema begeistern können, sie mit Lust und Freude dabei sind, wissen wir, dass unsere Themenwahl richtig war. Ansonsten würde das Interesse der Kinder daran schnell versiegen und der Lerneffekt wäre dann nur noch gering.

## 4.6   Die Wahl eines Themas

Unter dem Dach des bereits festgelegten Leitziels sucht die Erzieherin nach Möglichkeiten, die Kindergruppe, aber auch das einzelne Kind innerhalb eines Themas in der Entwicklung zu unterstützen. Durch regelmäßiges, systematisches Beobachten kennt sie die Interessen und Bedürfnisse, aber auch die Stärken und Schwächen der Kinder. Gleichzeitig hat sie einen im Leitziel festgelegten Erziehungs- und Bildungsauftrag, der sie verpflichtet, die Kinder an wichtige Lebensthemen heranzuführen und sie beim Erwerb von Schlüsselqualifikationen (diese beinhalten persönliche, soziale und sachliche  Kompetenzen) zu unterstützen.

**Eine Entscheidung muss gefällt werden**

Die Erzieherin einer altersgemischten Kindergruppe hat nach sorgfältigem Beobachten und Analysieren von Situationen folgendes Richtziel festgelegt: «Mit den Kindern Naturvorgänge wahrnehmen und thematisieren».

Im Garten sind vermehrt Raupen gefunden worden. Auch auf Spaziergängen entdecken die Kinder immer wieder Raupen und sind fasziniert von den kleinen Tieren mit der lustigen Fortbewegungsart. Auch die Kleinen versuchen unter Anleitung der Großen immer wieder, sich wie eine Raupe vorwärts zu bewegen. Fragen über Fragen werden gestellt und das Lexikon und der Schmetterlingsführer sind bei den größeren Kindern momentan sehr beliebt.

Die Erzieherin hat sich deshalb entschieden, mit den Kindern das Thema «Von der Raupe zum Schmetterling» zu erarbeiten. Damit wird sie längerfristig auch dem festgelegten Richtziel näher kommen.

Das Thema steht nun also fest und wird sie während der nächsten Wochen begleiten.

# 5.   Planung des gewählten Themas

Am Beispiel des Themas «Von der Raupe zum Schmetterling» werde ich nun Schritt für Schritt aufzeigen, wie man ein größeres, länger dauerndes Thema plant, vorbereitet und schlussendlich umsetzt.

## 5.1   Angestrebte Ziele

Für alle pädagogischen Angebote innerhalb dieses Themas, sei das während der Aktivitäten, im Freispiel, aber auch im Alltag sind folgende Ziele richtungweisend:

• Mit dem Wissen, wie das Gehirn Neues aufnimmt und verarbeitet und unter dem Dach der Leitziele ist es wichtig, die Kinder über die *Sinne* und die *Bewegung* anzusprechen. Zudem sollen innerhalb des Themas die *Selbständigkeit* sowie die *Sprache* gefördert werden.

• Naturvorgänge wahrnehmen sowie Tiere und ihre Entwicklung kennen lernen: Die Kinder lernen die Raupe kennen, erfahren, wie sie lebt und wie sie sich zum Schmetterling entwickelt. Sie können nach Abschluss des Themas darüber erzählen.

• Förderung der Gemeinschaft und des Zusammengehörigkeitsgefühls: Täglich wird innerhalb des Themas eine Aktivität für die ganze Gruppe angeboten. Dabei erleben sich die Kinder als Mitglied einer Gemeinschaft, singen gemeinsam Lieder und machen miteinander Spiele. Sie sind in der Lage, aufeinander Rücksicht zu nehmen, zu warten und sich zu exponieren, indem sie allein etwas vorzeigen.
Sie können sich anderen Kindern unter- oder überordnen, in kleinen oder größeren Teams miteinander kommunizieren, gemeinsam Probleme lösen und Aufgaben erfüllen.

- Emotionale Beteiligung der Kinder: Die Kinder freuen sich über den Besuch der Themafigur und können sich mit ihr identifizieren. Sie leben mit bei Geschichten und können Spannungen aushalten. Die Größeren sind in der Lage, bei der Planung, Vorbereitung und Durchführung eines kleinen Festes innerhalb des Themas mitzuhelfen.

Alle diese Ziele werden jeweils dem Entwicklungsstand der Tagesgruppe, aber auch dem einzelnen Kind innerhalb der Gruppe angepasst. Deshalb ist es erforderlich, Ziele auf verschiedenen Niveaus zu formulieren.

## 5.2   Die Suche nach passenden Schwerpunktthemen

Im Team oder allein macht sich die Erzieherin nun Gedanken darüber, wie sie das Thema «Von der Raupe zum Schmetterling» strukturieren kann und welche Schwerpunkte sie dabei setzen soll. Gleichzeitig wird sie anhand der Agenda eine erste Wochenplanung vornehmen, damit sie einen ungefähren Zeitplan erstellen kann.

### In einem großen Thema Schwerpunkte setzen

Für die Realisierung des großen Themas Garten wird man etwa drei Monate Zeit benötigen. Einer der Schwerpunkte darin könnte die Thematik «Von der Raupe zum Schmetterling» sein. Das Raupenthema kann aber auch als eigenständiges Thema bearbeitet und dann ebenfalls in kleinere Schwerpunktthemen eingeteilt werden. Anhand des großen Themas Garten und danach mit dem Thema «Von der Raupe zum Schmetterling» zeige ich, wie eine solche Unterteilung in Schwerpunktthemen gestaltet werden könnte.

### Verschiedene Schwerpunkte im Thema Garten

- Der Garten, verschiedene Gärten, Spielplatz, Spielgeräte
- Der Gärtner und seine Arbeit, das Werkzeug
- Bodenbeschaffenheit (Erde, Steine, Kies, Teer, Wiese)
- Bäume, Blumen, Gemüse, Früchte, Beeren
- Schnecke, Wurm, Käfer, Ameise, Spinne, Raupe, Schmetterling
- Tiere im Garten (Vogel, Katze, Maus, Igel)
- Wetter

**Thema: «Von der Raupe zum Schmetterling»**

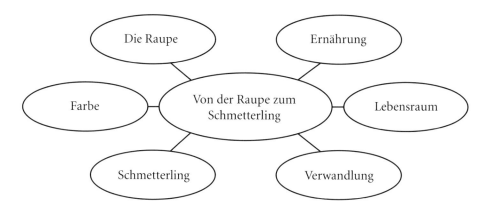

Jedes dieser Schwerpunktthemen kann nun wiederum unterteilt werden. So ergibt sich bereits recht detailliert der Inhalt des zu erarbeitenden Themas. Solch eine Einteilung erleichtert die Gestaltung des Wochenplanes wesentlich.

Um die Schwerpunktthemen, aber auch zukünftige Aktivitäten mit Inhalten zu füllen, ist es unerlässlich, sich anhand von Literatur und Lexika ein fundiertes Wissen über das Thema anzueignen. Gute Kenntnisse über die Entwicklung des Schmetterlings vom Ei bis zum Falter ergeben bereits viele Ideen für spätere Aktivitäten.

Jedes Schwerpunktthema für die Wochenplanung mit Inhalt füllen:

*Die Raupe* → Themafigur, das Ei, die Gestalt, klein/groß, die Fortbewegungsart, ihre Sinne, verschiedene Raupenarten

*Die Ernährung* → Futterpflanzen, Feinde, stark/schwach, Wachstum, Häutung, die Raupe als Schädling

*Der Lebensraum* → Wiese, Garten, Wald, Feld

*Die Verwandlung* → Verpuppung, Entwicklung zum Schmetterling. Aber auch Höhlen bauen, hell/dunkel, verkleiden, zaubern

*Der Schmetterling* → Formen, Muster, Farben, leichte Tücher, Flug, leicht/schwer, Schmetterlingstänze, Musik, Musikmalen, Ernährung, Lebensraum/Wetter, Fortpflanzung, Lebenszyklus

*Farben* → Farben kennen lernen, Experimente, Maltechniken, kreatives Malen, Spiele mit farbigen Tüchern

## 5.3   Ideensammlung für das neue Thema

Nun stellt sich die Frage, was wir alles wissen, suchen, planen, basteln und vorbereiten müssen und wen wir über das neue Thema informieren wollen.

Dazu gehören:
• Passende Bilderbücher, Geschichten
• Bilder
• Vielleicht ein Kasperlitheater
• Nachschlagewerke für Groß und Klein
• Themafigur
• Thema-Tisch
• Lieder/Verse/Singspiele/Tänze
• Themenorientiertes Material
• Zeug zum Spielen, auch wertloses Material
• Freispielangebote
• Bastel- und Malideen
• Ideen für Experimente
• Themaspielecken/Themaspieltische
• Spielideen für Aktivitäten
• Sinnesspiele
• Bewegungsspiele
• Passende Musik, auch klassische
• Einbezug des Themas in den Alltag
• Dekorationen
• Ausflüge zum Thema
• Ein Fest zum Thema
• Infobrief oder -plakat für die Eltern
• Ein kreativer Wochenplan als Tagesinfo für die Eltern

Allein oder im Team tragen wir nun konkrete Ideen zum gewählten Thema zusammen. Welche Lieder eignen sich, kennen wir ein passendes Bilderbuch und eine geeignete Themafigur? Beschäftigungs-, Bastel- oder Fachbücher geben uns weitere Impulse, die wir gut unseren Bedürfnissen innerhalb des neuen Themas anpassen können.

**Erste konkrete Beispiele für die Ideensammlung des Themas «Von der Raupe zum Schmetterling»**

- **Passende Bilderbücher:**
  «Die kleine Raupe Nimmersatt» von Eric Carle, Gerstenberg
  «Abschied von der Raupe» von Heike Saalfrank/Eva Goede, Verlag Würzburg
  «Die Raupe, die kein Schmetterling werden wollte» und «Die grüne Raupe, die bunt sein wollte» beide von Judith Steinbacher/Antonia Nork, Pattloch-Verlag.

- **Die Themafigur:**
  Eine Raupe, die später ein Schmetterling wird.

- **Der Thema-Tisch:**
  Er ist nicht zum Spielen gedacht, sondern um das Thema zu veranschaulichen und zu präsentieren. Er muss so platziert werden, dass die Kinder auf den Tisch sehen. Hier wohnt auch die Themafigur.

Als Dekoration kann Folgendes dienen: Ein schönes Tuch. Ein Baum, Zweig oder Blumen, echt oder gebastelt. Die Themafigur. Fotos und Bilder von Raupen. Das Bilderbuch, geöffnet auf der aktuellen Seite, fixiert mit passend verzierten Wäscheklammern. Eine Sammlung von Raupen aus diversem Material. Im Verlauf der Geschichte auf den Schmetterling umstellen. Von der Decke oder an der Wand hängen vielleicht gebastelte Blätter oder Pflanzen und eine Sonne leuchtet über allem.

- **Lieder, Verse, Singspiele, Tänze:**
  Es gibt nicht viel zu diesem Thema. Man kann aber zu einfachen, bestehenden Melodien einen Text selber dichten.

- **Themenorientiertes Material:**
  Fotos von Raupen und Schmetterlingen, Raupen und Schmetterlinge aus verschiedenem Material, Blätter, Blumen, Äste.
  Man kann sich überlegen, ob man lebende Raupen samt ihren bevorzugten Pflanzen für einige Tage in einem Terrarium halten will. Danach unbedingt wieder an der gleichen Fundstelle aussetzen.

- **Zeug zum Spielen, wertloses Material:**
  Tücher, Chiffontücher, Wolle, Stoffblumen und Socken samt Füllmaterial, um Raupen selber herzustellen. Naturmaterial wie Blätter, Rinde, kräftige Grashalme. Röhren, Schachteln, Korken, Dosen.

- **Themenorientierte Freispielangebote:**
  Viele Ideen finden sich im Kapitel 6.6.

- **Bastel- und Malideen:**
  Raupen aus verschiedenem Material wie Röhren, Styroporkugeln, Bierdeckeln, Socken, Strümpfen oder Schmetterlinge aus Papier, Moosgummi, Stoff, Ton basteln.

  Freies, kreatives Basteln und Malen von Raupen und Schmetterlingen mit diversem Material und Farben.

- **Experimentieren:**
  Die Raupe frisst ein Loch in das Blatt.

Wer kann ein Loch in die Mitte des Papiers oder Salatblattes reißen oder beißen, ohne dass dieses kaputt geht?

Verschiedenes Naturmaterial: Welches von dem, was Raupen fressen, können auch Menschen essen? Sortieren.

Welche Sachen, die Raupen fressen, sinken im Wasser, welche schwimmen? Selber ausprobieren…

Schmetterling drucken: Auf ein gefaltetes Papier einseitig einen Flügel mit Wasserfarben malen, noch nass gut zusammenfalten. Beim Öffnen erkennt man nun einen Schmetterling mit zwei Flügeln.

- **Themaspielecken und Themaspieltische:**
Bewegungszimmer einrichten mit Brettern, Schaumstoffwürfeln, Leitern, Stühlen usw. Hier können die Kinder wie Raupen klettern.

  Viele farbige Tücher, Instrumente und Platz für Schmetterlingstänze anbieten.

  Die kleine Welt: Verschiedenes Baumaterial, Bäume, Blumen, Blätter, kleine Tücher, Spielzeugraupen und Schmetterlinge, Figuren und anderes mehr bereitstellen.

- **Spielideen** aller Art werden hier im Buch bei der jeweiligen Aktivität, Kapitel 6.4 ausführlich beschrieben.

- **Musik:**
Für Schmetterlingstänze und Musikmalen eignen sich Teile aus «Aufforderung zum Tanz» von Carl Maria von Weber oder aus dem Ballet Nussknacker der «Blumenwalzer» von Peter Tschaikowsky sowie Stücke aus anderer Ballettmusik.

- **Integrieren des Themas in den Krippenalltag**
(viele Beispiele eignen sich aber auch für den Spielgruppen-, Kindergarten- oder Familienalltag):

  Die Figur kann die Kinder begrüßen und verabschieden.

  Die Mahlzeiten hin und wieder dem Thema anpassen: Blattsalate und Blattgemüse wie Raupen knabbern, Schmetterlingsnektar mit Röhrchen trinken, Honigbrote essen.

  Und man kann ein passendes Lied vor dem Essen singen oder einen Spruch erfinden:

«D'Raupe und mir händ Hunger und Durscht.
D'Raupe fressed Blättli und mir ä Wurscht!
En Guete mitenand!»

Passende Bilderbücher, Fotobücher, Lexika zum Anschauen bereithalten.
Ich würde allerdings das Bilderbuch, welches das Thema begleitet, nicht den Kindern geben, bevor es fertig erzählt und bearbeitet wurde. Viele Überraschungseffekte sind dann nicht mehr möglich.

Einschlafritual einführen: Die Raupe flüstert jedem Kind vor dem Mittagsschlaf etwas Nettes ins Ohr. Vielleicht erzählt sie noch eine kurze Geschichte aus dem Raupenleben oder singt ein Raupenschlaflied. Das Gleiche kann später auch mit dem Schmetterling gemacht werden.

Beim Wickeln, Zähneputzen, Händewaschen ein passendes Lied singen oder einen Vers aufsagen.

Im Freien auf Spaziergängen Raupen beobachten und Schmetterlinge bewusst wahrnehmen. Mit den Kindern die Nahrung der Raupen und Schmetterlinge suchen und genau anschauen.

- **Raumdekorationen:**
Die Fenster bemalen oder bekleben, zuerst mit Raupen, später mit Schmetterlingen.

Im Raum riesige grüne Blätter oder grüne Tücher aufhängen.
Raupen basteln und an die Blätter oder Tücher hängen.

Von der Garderobe bis in den Gemeinschaftsraum den Wänden entlang Raupen aus Papier oder Moosgummi  kriechen lassen.

Als Gemeinschaftsarbeit eine Riesenraupe gestalten. Jedes Kind verziert selbständig ein Raupenglied. Diese Raupe als Themadekoration an die Wand hängen.

Gruppenraupe basteln und die Fotos der Kinder dieser Gruppe auf den Raupenkörper kleben.

Schmetterlinge aus Seidenpapier oder Regenbogenfolie basteln, mit Pfeifenputzer den Körper formen.
Statt Blätter werden nun Blumen oder farbige Tücher im Raum aufgehängt.
Die Schmetterlinge daran befestigen.

Für die Kinderkrippe oder Spielgruppe eine Raupe aus Holz oder festem Karton als Nuggihalter basteln.

- **Ausflüge:**
  Auf der Suche nach Raupen und/oder Schmetterlingen: Bei Brennnesseln findet man im Frühling und Sommer häufig Raupen des «Tagpfauenauges» und des «Kleinen Fuchses». Die gemeinsame Suche muss erfolgreich verlaufen, deshalb vorher unbedingt rekognoszieren gehen! Auf blühenden Sommerwiesen und bei Blumen am Wegrand sieht man oft Schmetterlinge. Falls ein Schmetterlingszoo in erreichbarer Nähe ist, lohnt sich dort ein Besuch. Den Kindern nur lebende Tiere oder Bilder zeigen. Die aufgespießten Schmetterlinge eignen sich wegen der Vorbildwirkung nicht als Anschauungsmaterial.

- **Fest zum Thema:**
  Mit den Kindern ein Schmetterlingsfest gestalten. Alle dürfen sich als Schmetterling schön verkleiden und schminken. Miteinander veranstalten wir nun lustige Spiele und Tänze und an einem festlichen Blumentisch werden feine Sachen gegessen und getrunken.

• **Infobrief an die Eltern schreiben,** den die Kinder mit gezeichneten oder ausgemalten Raupen und Schmetterlingen verzieren können. Zum Beispiel:

«Liebe Eltern, während der nächsten Wochen werden wir die Welt der Raupen und Schmetterlinge erforschen. Dabei lernen die Kinder, wie sich diese kleinen Tiere entwickeln, wie und wovon sie leben und dass sie unseren Schutz brauchen. Unser Gast, die kleine freche Raupe «Liz», wird uns durch unser neues Thema «Von der Raupe zum Schmetterling» begleiten. Bestimmt können wir von der Themafigur «Liz» viel Wissenswertes über das Raupenleben erfahren. Wir gestalten unsere gemeinsamen Aktivitäten wie immer mit vielen Sinnes- und Bewegungsspielen, Liedern und dem Bilderbuch. Natürlich wollen wir auch im Freien auf die Suche nach Raupen und Schmetterlingen gehen.
Wenn Sie einen Platz kennen, den viele Raupen oder Schmetterlinge bevölkern, sind wir froh über Ihre Informationen! Zudem freuen wir uns über passendes Anschauungsmaterial, welches Sie uns zur Verfügung stellen können. Auf einem späteren Infoblatt werden wir Ihnen die Lieder und Verse zu diesem Thema abgeben.

Wie immer sind Sie jederzeit herzlich eingeladen, bei uns einmal einen längeren Besuch zu machen und selber in die faszinierende Welt der Raupen und Schmetterlinge einzutauchen.

Herzlich grüßen Sie…»

• **Weitere Informationen für die Eltern** liefert ein kreativ gestalteter Wochenplan: Man überzieht zum Beispiel eine große Pinwand mit einem farbigen Tuch, Papier oder anderen Materialien. Nun gibt es verschiedene Möglichkeiten zur Ausgestaltung:
Fünf Raupen samt Apfel, jeweils eine pro Wochentag, werden auf der Pinwand befestigt. Nachdem die Tagesaktivität mit der Kindergruppe gemacht wurde, schreibt man diese auf den Apfel des entsprechenden Tages:

| Montag | → «Bilderbuch weitererzählen» |
| Dienstag | → «Rhythmik Räupli» |
| Mittwoch | → «Musikmalen» |
| Donnerstag | → «Hindernisparcours für Raupen»(Turnhalle) |
| Freitag | → «Tischtheater: Raupe und Vogel» |

Wer will, schreibt zusätzlich auch die Nachmittagsaktivität auf: Spielen im Garten, Spaziergang zur Blumenwiese usw.

Nun kann man für jede Woche neue Figuren basteln und auf dem Wochenplan befestigen: Statt Raupen können es Blätter, Bäume, Sonnen, Blumen und später Schmetterlinge in allen Farben sein.

Oder man zeichnet eine große Raupe und überzieht sie mit Klarsichtfolie. Jeden Tag wird die gemachte Aktivität mit abwaschbarem Filzstift auf den Raupenkörper geschrieben und am nächsten Morgen, bevor die Eltern die Kinder bringen, wieder weggeputzt. So entsteht Platz für die neue Tagesaktivität. Dasselbe kann natürlich auch mit dem Schmetterling als Wochenplandekoration gemacht werden.

Sobald das gewählte Thema in der Gruppe Fuß fasst, werden weitere Vorschläge von allen Seiten beigesteuert, sei es von den Kindern, den Eltern oder von uns Erziehenden.

Eine erste Ideensammlung ist deshalb immer nur als nützliche Hilfe für den Einstieg zu verstehen. Daraus entwickelt sich im Verlauf des Themas ein bunter Strauß von Ideen aller Art.

## 5.4  Sind lang andauernde Themen eintönig?

Diese Frage kann mit Ja und Nein beantwortet werden. Weil sie auch immer wieder mit Ja beantwortet wird, schreibe ich dieses Buch. Es ist mein Ziel, die Leserinnen und Leser dank einer Fülle methodischer Fakten und Anregungen zu motivieren, Neues auszuprobieren und dieses in ihre Themen zu integrieren.

Was läuft schief, wenn große Themen in der Umsetzung eintönig und langweilig werden?

Den Erzieherinnen in Kinderkrippen und Spielgruppen fehlen je nach Ausbildung wesentliche didaktisch-methodische Grundlagen, um ein Thema über längere Zeit abwechslungsreich und spannend gestalten zu können.

Das Studium der Kindergärtnerin hingegen setzt einen Schwerpunkt auf Didaktik/Methodik in der Vorschulpädagogik.

Wenn Erzieherinnen in Kindertagesstätten und Spielgruppen mit der Kindergruppe eine gezielte Aktivität durchführen, beschränken sich viele auf Aktivitätsarten wie das Erzählen von Bilderbüchern, Singen, Singspiele veranstalten, Gespräche führen, Werken, Backen, Malen, das Spielen mit wertlosem Material und einige weitere Beschäftigungen. Leider werden diese Aktivitäten methodisch den Bedürfnissen der Kinder oft nicht gerecht und wirken mit der Zeit eintönig und langweilig.

Doch eigentlich ist es ganz einfach! Denn es stehen abwechslungsreiche und bewährte Methoden zur Planung und Durchführung von Aktivitäten und Angeboten für Klein- und Vorschulkinder zur Verfügung. Wer über dieses Wissen verfügt, dem gelingt es, Abwechslung und Farbe in den Alltag zu bringen.

## 5.5    Verschiedene Möglichkeiten geführter Aktivitäten mit der ganzen Kindergruppe

Sofern sie dem Alter und dem Entwicklungsstand angepasst geplant und gestaltet werden, eignen sich folgende Aktivitäten gut für Gruppen von Klein- und Vorschulkindern:

1.  Einführung der Themafigur, Seite 80
2.  Bilderbuch erzählen, Seite 82
3.  Bildbetrachtung mit Poster, Bild, Dia, Seite 84
4.  Geschichten erzählen, Seite 85
5.  Anschauung eines lebenden Tieres, Seite 85
6.  Klanggeschichten, Seite 86
7.  Tischtheater, Seite 87

8. Schattentheater, Seite 88
9. Darstellende Spiele wie Pantomime, Zirkusspiele, kleine Theaterstücke, eigene Geschichten spielen, Seite 89
10. Fantasie- und Traumreisen, Seite 90
11. Lied-, Vers- und Singspieleinführung, Seite 91
12. Tanzeinführung, Seite 93
13. Musizieren, Seite 95
14. Rhythmik oder rhythmisch-musikalische Erziehung, Seite 96 (mit und ohne Material)
15. Rhythmisches Zeichnen, Seite 99
16. Erlebniszeichnen, Seite 100
17. Musikmalen, Seite 100
18. Spiele zum Thema, Seite 102
19. Lustige Spiele zum Thema, Seite 103
20. Legespiele, Seite 103
21. Neues Wissen spielerisch erleben, Seite 105
22. Experimentieren, Seite 106
23. Erlebnisturnen, Seite 107
24. Turnen, Seite 108
25. Einführen von neuem Spielmaterial, Seite 110
26. Einführen von Wasserfarben (Leim, Schere…), Seite 111
27. Basteleinführung/Werken, Seite 112
28. Gestalterische Gruppenarbeit, Seite 112
39. Kochen und Backen, Seite 113
30. Themenorientierte Ausflüge und Besuche, Seite 114 (Gärtnerei, Bauernhof, Zoo…)
31. Feste feiern, Seite 115

Damit diese geführten Aktivitäten in der Umsetzung mit einer Kindergruppe auch gelingen, ist es für die Erzieherin unerlässlich, den methodischen Aufbau jeder einzelnen zu kennen, siehe Kapitel 5.9.

## 5.6 Definition der geführten Aktivität

Sie wird auch geführte Sequenz, Beschäftigung, pädagogisches Angebot oder schlicht «Chreis» oder «Chreisli» genannt.

Die geplante und von der Erzieherin geführte Aktivität mit der Kindergruppe ist:

- zielgerichtet und strebt das Erreichen der formulierten Lernziele an. Diese unterstützen auch langfristige Lernprozesse,
- sorgfältig geplant, aber flexibel anpassbar,
- vom Inhalt und den Anforderungen her entsprechend des Entwicklungsstandes der Kindergruppe,
- von kurzer Dauer, je nach Alter zwischen 20 und max. 45 Minuten,
- in der Kinderkrippe und Spielgruppe freiwillig,
- voller Bewegung und spricht alle Sinne an,
- herausfordernd und fördernd,
- unterstützt die Eigeninitiative der Kinder,
- interessant und macht den Kindern Spaß,
- ins aktuelle Thema eingebettet,
- ein tägliches Ritual,
- und anregend fürs Freispiel.

## 5.7   Der Aufbau einer geführten Aktivität

**Sammlung:**
Dauer je nach Alter zwischen zwei und fünf Minuten.
Während der Sammlung werden die Kinder auf die gemeinsame Aktivität vorbereitet. Vielleicht besteht ein kurzes Begrüßungsritual oder die Kinder, welche das Bedürfnis haben, erzählen kurz, was sie gestern erlebt haben. Die Sammlung ist für jedes Kind ein Ankommen im gemeinsamen Kreis und bezieht sich noch nicht auf das Thema der heutigen Aktivität.

**Einstieg:**
Dauer je nach Alter zwischen drei und zehn Minuten.
Der Einstieg als Einstimmung ins Thema geschieht mit einem passenden Lied, Singspiel, Tanz, Spiel, Bewegung, der Themafigur oder anderem mehr. Er soll spannend sein und die Kinder motivieren, mitzumachen. Für die Kinder ist die Teilnahme an der Aktivität in der Kinderkrippe und in der Spielgruppe (im Gegensatz zum Kindergarten) freiwillig. Es ist jedoch wünschenswert, wenn wir mit einem interessanten Einstieg die Aufmerksamkeit aller Kinder erlangen können.

**Hauptteil:**
Dauer je nach Alter und Ausdauer der Kinder zwischen 10 und 20 Minuten.
Anhand des Tageszieles den Inhalt und dazu die passenden Methoden bestimmen.
Ein durchdachter Aufbau ist wichtig, damit die Gruppe weder unterfordert noch überfordert wird. Deshalb soll die Aktivität wenn immer möglich schriftlich vorbereitet werden. Damit wird schon vorher ersichtlich, ob die Aktivität altersgemäß aufgebaut und wirklich genug Bewegung eingeflochten wurde. Zudem sollen die Kinder so oft als möglich selber tätig sein und ihre Ideen und Wünsche einbringen können. Dem muss bei der Planung Rechnung getragen werden, damit wir in der Lage sind, flexibel darauf zu reagieren.
Da die Konzentrationsfähigkeit kleiner Kinder schnell nachlässt, ist ein Wechsel zwischen Ruhe und Bewegung in nicht zu langen Abständen wichtig!
Unbedingt den Schwerpunkt auf die Bewegung legen! Die Hirnforschung und unsere eigenen Beobachtungen belegen immer wieder, dass Kinder in diesem Alter ihre Bewegungsmöglichkeiten weiterentwickeln und verfeinern müssen. Dabei zeigen sie eine ungleich größere Ausdauer als beim verordneten Stillsitzen. Deshalb gilt für viele Aktivitäten die Formel «Bewegung – Ruhe – Bewegung». Die Bewegung muss dabei eindeutig überwiegen.

- Bewegung → Rhythmische Übungen, Spiele zum Thema, Tänze, Erlebnisturnen, Turnen, Hindernisparcours, Kreisspiele und viele weitere Bewegungsspiele.
- Ruhe → Geschichte, Bilderbuch, zuhören müssen, Anschauung, Bildbetrachtung, Basteln, Legespiel und anderes.
- Verschiedene Sozialformen einflechten → Einzel-, Partner- und Gruppenübungen.

### Ausklang:

Dauer je nach Verlauf der Aktivität zwischen fünf und zehn Minuten.

Während des Ausklangs wird das Thema abgeschlossen. Mit einem Lied oder Spiel nehmen wir die Thematik nochmals auf und lassen sie damit gleichzeitig ausklingen.

### Individuelle Vertiefung im Kindergarten:

Der Kindergarten bietet an dieser Stelle oft die Gelegenheit, das Gelernte anhand verschiedener pädagogischer Angebote nochmals individuell zu vertiefen. Dauer nach Bedarf.

### Überleitung ins Freispiel:

Alle Übergänge sollen harmonisch und fließend gestaltet werden. Zum Beispiel von der Aktivität zum Freispiel. Aber auch innerhalb der Aktivität vom Einstieg zum Hauptteil und so weiter.

Es hat sich bewährt, als Überleitung ins Freispiel allfälliges Material aus der Aktivität fürs freie Spielen anzubieten oder Hinweise auf zusätzliche themenorientierte Freispielangebote zu machen. Manchmal gelingt es auch, die Kinder am Ende des Hauptteils oder im Ausklang mit Spielideen oder Material so zu faszinieren, dass sie intensiv spielend die Aktivität unbemerkt beendet haben und bereits ins Freispiel übergegangen sind.

Für das Kind ist jede Beschäftigung Spiel, sofern sie von ihm ohne äußeren Zwang ausgewählt werden kann. Freispiel, Aktivität, Alltagsarbeiten, Einzelförderung oder Tätigkeiten im Freien – das Kind wird sich spielend darin vertiefen und dabei immer eines tun: Erfahrungen sammeln, lernen und wissbegierig die Welt erobern.

## 5.8    Die Aktivität beginnt meistens im Kreis

Die geführte Aktivität beginnt meistens im Kreis, deshalb wird sie im Volksmund auch «Chreis» oder «Chreisli» genannt.

Der Kreis ist eine uralte Form und findet sich in vielen Überlieferungen alter Völker, welche sich im Kreis, oft unter dem Lindenbaum, zusammensetzten, wichtige Fragen der Gemeinschaft besprachen und Entscheidungen fällten. Naturvölker wie beispielsweise die Indianer, afrikanische Stämme oder die Aborigines setzen sich gesellig rund ums Feuer, essen miteinander, machen Tänze und besprechen Wichtiges im Kreis.

Auch bei uns werden am runden Tisch Strategien entwickelt, Probleme gelöst oder Konferenzen abgehalten. Und wenn sich eine Gruppe für Gespräche auf dem Boden niederlässt, bildet sie oft spontan eine Kreisform.

Die runde Form des Kreises vermittelt Geborgenheit und ein Zusammengehörigkeitsgefühl. Alle fühlen sich gleichwertig. Im Kreis miteinander zu spielen, ist soziales Erleben. Es ist die Form der Kontaktaufnahme, bei der jeder den andern wahrnehmen kann.

Kleine Kinder suchen die Geborgenheit im Kreis, aber auch das Anonym-
sein. Reifere Kinder wagen es, sich bei einem Spiel in der Kreismitte zu exponieren. Wenn etwas Interessantes in den Kreis gelegt wird, können es alle gut betrachten. Das Zentrum des Kreises gilt als ruhende Mitte und ist deshalb besonders
geeignet, Wichtiges aufzunehmen und der Runde zu präsentieren.

Die Kreisform eignet sich besonders gut, um darin mit Kindern zu spielen
und zu lernen. Deshalb beginnen und enden fast alle meine Aktivitäten für die
Kindergruppe im Kreis. Für größere Bewegungsspiele wird man den Radius erweitern und den ganzen Raum einbeziehen. Im Kreis miteinander zu spielen und
aktiv zu sein, unterstützt in besonderem Maße die Entwicklung der sozialen Kompetenzen der Kinder. Ob man dazu auf dem Boden, auf Kissen, einem runden
Teppich, einer besonderen Decke oder auf Kinderstühlen sitzt, spielt keine Rolle,
da langes Sitzen in diesem Alter sowieso vermieden werden muss.

Der eigene Platz im Kreis ist für das Kind wichtig. Zu ihm kehrt es zurück,
um bald darauf wieder zu neuen Spielabenteuern aufzubrechen. Es wird also lernen, nach jedem Spiel oder einer rhythmischen Übung zurück in den Kreis zu
kommen und auf seinen Platz zu sitzen. Hier wird dann das nächste Spiel erklärt

und schon darf es wieder zum Tamburin wie eine Raupe davonkriechen oder wie ein Schmetterling zur Flöte von Blume zu Blume fliegen.

## 5.9  Der methodische Aufbau verschiedener geführter Aktivitätsarten

Es ist immer unser pädagogisches Ziel, die Kinder ganzheitlich herauszufordern und auf eine ausgewogene Balance zwischen Abwechslung und Wiederholung zu achten. Bewegung, Sinneswahrnehmung, Problemlösung, Sprache, Musik, Eigenaktivität und das Miteinander sind auf allen Altersstufen Schwerpunkte für unsere Aktivitäten mit der Kindergruppe.

### 1. Einführung der Themafigur

Die Themafigur wird in einer oder zwei Aktivitäten gleich zu Beginn eines neuen Themas in die Gruppe eingeführt. Kindern, welche die Einführungsaktivität verpasst haben, stellt man die Figur einzeln vor. Alle sollen genau wissen, um wen es sich hier handelt. Während des Themas werden sich die Kinder jeden Tag auf die Figur freuen und sich oft auch mit ihr identifizieren.

Bevor die ausgewählte Figur das erste Mal die Kinder besucht, muss die Erzieherin deren Charakter, ihre Stimme und ihr Lebensumfeld bestimmen. Damit wird die Themafigur eine für die Kinder magische Persönlichkeit, welche aber trotzdem einen nachvollziehbaren Hintergrund hat. Ist die Themafigur in unserem Fall eine neugierige, kleine Raupe, erzählt sie den Kindern mit lebhafter, hoher Stimme, dass sie mit vielen andern Raupengeschwistern und Freunden auf dem Brennnesselfeld am Waldrand lebt und dort manchmal auch Streiche ausheckt.

Arbeiten wir im Team, muss sich jede Erzieherin, welche diese Themafigur im Alltag und in den Aktivitäten einsetzt, ebenfalls bemühen, den typischen Charakter und ihre Stimme beizubehalten. Die Themafigur kann nicht heute eine ruhige, tiefe und morgen eine lebhafte, hohe Stimme haben. Dass sich ihr Dialekt je nach Erzieherin ändert, müssen wir hingegen in Kauf nehmen.

Wenn die Themafigur das erste Mal zu den Kindern kommt, erhöht es ungemein die Spannung, wenn sie auf eine spezielle Art auftritt. Vielleicht klopft es an der Tür und wenn beim ersten Mal noch niemand davor steht, so doch be-

stimmt beim zweiten Mal. Sie kann sich auch im Raum oder unter Tüchern in einem Korb verstecken oder kündigt sich mit einem Brief an.

Wenn wir sie dann im Kreis begrüßen, wird sie sich selber vorstellen. Sie erzählt, wer sie ist, woher sie kommt und warum sie zu uns auf Besuch kommen möchte.

Es ist wichtig, dass die Figur jedes Kind persönlich anspricht, vielleicht die Hand gibt oder, falls es eine Raupe ist, von Kind zu Kind kriecht. Scheue Kinder werden vorerst lieber auf Distanz bleiben. Dies gilt es unbedingt zu respektieren. Im Laufe der Zeit fassen auch zurückhaltende Kinder Vertrauen zur Themafigur. Etwas anderes habe ich noch nie erlebt.

Während der Aktivität machen wir Bewegungsspiele zu den Erzählungen der Themafigur. Vielleicht werden ihr auch die Räume gezeigt. Zum Schluss möchte die Figur natürlich einige Zeit bei den Kindern bleiben, weil sie es hier schön und spannend findet.

So kann im Ausklang oder im Freispiel der Thema-Tisch als Bleibe für den Gast aufgebaut und geschmückt werden.

## 2. Das Erzählen eines Bilderbuches

- Auswahl des Bilderbuches:
  Bevor wir ein Bilderbuch wählen, überlegen wir uns, welche Kinder wir damit
  ansprechen wollen. Sehr kleine Kinder lieben Bilder mit wenigen, aber farbigen und klaren Darstellungen aus ihrer Lebenswelt.
  Etwas größeren Kindern kann man bereits komplexere Bilder zeigen. Diese sollen aber ebenfalls eindeutig in ihrer Aussage sein.
  Wichtig dabei ist auch, dass die Geschichte für die Kinder eine nachvollzieh-
  bare Handlung aufweist und ihrer Erlebniswelt entspricht. Die Darstellungen
  dürfen nie Angst einflößen.
  Arbeitet die Erzieherin gleichzeitig mit Kindern verschiedenen Alters, ist es von
  Vorteil, bei der Wahl des Buches Kompromisse einzugehen und es dem Mittel-
  feld anzupassen.

  Damit alle Kinder auch Details gut erkennen, soll auf ein entsprechendes Bild-
  format geachtet werden. Kleine Pixibüchlein eignen sich demnach nicht für
  eine geführte Aktivität.

- Der Kindergruppe während der Aktivität ein Bilderbuch erzählen:
Um das Bilderbuch in einer ruhigen, ungestörten Atmosphäre erzählen zu können, muss in besonderem Maß auf die Sitzordnung geachtet werden. Jedes Kind
soll während des Erzählens immer freie Sicht auf das Bild haben. Um dies zu
ermöglichen, empfiehlt es sich, ab sechs Kindern eine zweistufige Sitzordnung
zu planen. Einige Kinder sitzen zum Beispiel im Halbkreis auf Stühlen, die übrigen auf dem Boden davor. Die Erzählerin sitzt so vor den Kindern, dass das Bild
gut beleuchtet wird, ohne dass sich das Licht darauf spiegelt.
Die Kinder lieben es, in Ruhe ein Bild zu betrachten, zu erzählen, was sie entdecken, Fragen zu stellen und auch kleinste Details zu finden. Die Erzählerin
zeigt deshalb ein Bild so lange, bis alle wirklich alles gesehen haben. Dabei hält sie
es ruhig vor sich. Während die Kinder das Bild betrachten, erzählt die Erzieherin die Geschichte dazu. Oder sie erzählt zuerst die Geschichte und zeigt
danach das dazugehörige Bild. Fragen der Erzieherin ermuntern die Kinder, genauer hinzuschauen und zu erzählen, was sie auf dem Bild wahrnehmen. Wichtig ist, dass die Kinder immer nur ein Bild sehen. Die übrigen sind noch abgedeckt und werden erst enthüllt, wenn sie an der Reihe sind. Möchte man auf
einem reichhaltigen Bild zuerst nur die Raupe zeigen, kann die Seite mit einem
Papier abgedeckt werden. Man schneidet ein Fenster hinein, welches geöffnet werden kann. Jetzt kann man die Raupe ohne Ablenkung betrachten. Später entfernt
die Erzählerin das Papier, um das gesamte Bild mit den Kindern zu besprechen.

Sie erzählt die Geschichte auswendig und lebendig. Dabei benützt sie die direkte
Rede, flicht vor allem bei jüngeren Kindern Lautmalereien ein und passt die
Ausgestaltung dem Publikum an. Bei älteren Kindern darf sie auch mal etwas
dramatischer erzählen, aber ohne Angst einzuflößen. Abwechslung bringen Lieder, Verse und kleine Bewegungen mit den Händen, Armen oder dem Kopf,
wobei die Kinder am Platz sitzen bleiben. Beim Erzählen sucht die Erzieherin
den Blickkontakt zu den Kindern, damit sich diese angesprochen und geborgen
fühlen.

Da die Konzentration der Kinder meistens nach fünf bis zehn Minuten nachlässt, ist es ratsam, einer Gruppe während der Aktivität nicht mehr als ein bis
drei Bilder zu zeigen. Die Erzieherin achtet darauf, die Geschichte an einer «ent-
spannten» Stelle zu unterbrechen. Da das Bilderbuch für den Moment nicht
fertig erzählt wird, kann die vielleicht trotzdem entstehende Spannung problemlos abgebaut werden, indem die Erzieherin das Erzählte danach mit viel

Bewegung auswertet. Sie und die Kinder werden sich dann während der nächsten Tage intensiv mit dem Inhalt der bereits bekannten Bilder und der Geschichte in weiteren Aktivitäten auseinander setzen.

- Um den in einer Kita oft nur teilzeitlich anwesenden Kindern gerecht zu werden, braucht es einige zusätzliche Überlegungen beim ratenweisen Erzählen eines Bilderbuches, siehe dazu Kapitel 5.12.

- Die Auswertung der Bilder:
  Jetzt ist viel Bewegung angesagt, da die Kinder schon beim Betrachten der Bilder ruhig sitzen mussten. Die Auswertung darf mindestens zehn Minuten beanspruchen.

Dazu eignen sich Spiele zum Thema, rhythmische Spiele, ein kleines Erlebnisturnen oder andere Bewegungsspiele. Dabei können Bewegungen der Tiere oder Menschen nachgeahmt oder mit einem abgebildeten Gegenstand aus dem Buch (Steine, Federn, Ball oder Ähnliches) einige Spiele angeboten werden. Allerdings muss sich die Auswertung direkt auf die Geschichte beziehen, damit die Kinder das Gehörte mit Bewegung nochmals verarbeiten und vertiefen können.

- Die methodische Formel für die Aktivität «Bilderbuch erzählen» lautet:
  Bewegung – Ruhe – Bewegung.

Als Einstieg in die geführte Aktivität braucht es passende Bewegungen. Ruhe vermittelt das Erzählen und danach wird durch die Auswertung wieder viel Bewegung ermöglicht. Der Ausklang kann je nachdem bewegt oder auch ruhiger angegangen werden.


### 3. Bildbetrachtung

Die Bildbetrachtung unterscheidet sich nur wenig von der Aktivität «Bilderbuch erzählen», vor allem der Rahmen bleibt sich gleich. Bei der Bildbetrachtung steht ein großes Bild ohne dazugehörende Geschichte im Mittelpunkt, welches mit der Kindergruppe detailliert angeschaut und besprochen wird. Vor und nach der Bildbetrachtung müssen sich die Kinder ausgiebig bewegen können, da der Hauptteil bereits viel Ruhe beinhaltet.

### 4. Geschichten erzählen

Das Erzählen einer Geschichte ohne Bilder ist nur dann sinnvoll, wenn die Kinder unsere Sprache einigermaßen verstehen.

Viele methodische Grundsätze der Aktivität «Bilderbuch erzählen» gelten ebenfalls für das Erzählen von Geschichten. Einen wichtigen Unterschied finden wir jedoch bei der Sitzordnung.

Als Einstieg eignet sich ein Ritual, bei welchem wir beispielsweise auf besondere Art ins Geschichtenland gelangen. Vielleicht klettern wir durch einen verzierten Reifen, machen ein Tor mit den Armen oder gelangen durch einen geschmückten Bogen ins Erzählzimmer. Hier verbreitet eine Laterne einen geheimnisvollen Schein. Auf Matten oder Kissen sitzen wir nahe beieinander, vielleicht auch in einer Hütte oder in einem Zelt. Auf alle Fälle soll es so richtig gemütlich und kuschelig sein. Hier ist auch der Körperkontakt sehr wichtig, welcher von den Kindern geradezu gesucht wird. Die Erzählerin muss die Geschichte auswendig erzählen können, damit sie mit den Kindern Blickkontakt halten kann.

### 5. Anschauung eines lebenden Tieres

Für das Thema «Von der Raupe zum Schmetterling» würde sich eine lebende Raupe als Anschauungsobjekt sehr gut eignen.

Innerhalb anderer Themen freuen sich die Kinder über den Besuch einer Katze, eines Kaninchens, eines Igels, einer Schnecke und sonstiger lebender Tiere.

Bei dieser Aktivität müssen die Kinder dazu angehalten werden, Ruhe zu bewahren und das Tier nicht grob zu berühren. Tiere wie Katzen, Igel und Kaninchen fürchten sich normalerweise vor großen Menschenansammlungen und gerade eine unruhige Kindergruppe kann ein Tier völlig verängstigen. Hier gilt es, die Aktivität gut vorzubereiten und mit den Kindern klare Regeln zu vereinbaren. Das Wohl des Tieres steht in diesem Fall immer an oberster Stelle.

Nachdem das Tier einige Zeit beobachtet und seine Eigenheiten besprochen wurden, verabschieden wir es wieder. Erst danach können wir als Vertiefung und Abschluss passende Bewegungen einflechten, welche den Kindern die Gelegenheit geben, den Tierbesuch zu verarbeiten und sich nach dem Stillhalten etwas auszutoben.

Ein Tier kann auch in seiner natürlichen Umgebung besucht und beobachtet werden.

Grundsätzlich kann man die Anschauung auch mit einem ausgestopften
Tier aus einer Schulsammlung machen. Die Schulen verleihen diese kostbaren
Tiere allerdings nur selten. Oft ist man dabei auf Beziehungen angewiesen.

### 6. Die Klanggeschichte

Diese Art einer gemeinsamen Aktivität zeichnet sich durch den Einsatz von
Klang- und Rhythmuselementen aus, welche die erzählte Geschichte passend be-
gleiten und untermalen.
Die Geschichte wird meistens selber erfunden und ins Thema eingebettet.
Sie ist kurz und einfach, hat aber einen kleinen Spannungsbogen. Das bedeutet,
dass sie Spannung aufbaut und diese danach wieder ausklingen lässt.

Gleichen Bewegungen oder Handlungen ordnen wir jeweils dieselben
Klänge zu. Wenn zum Beispiel der Schmetterling fliegt, ertönt immer der Triangel, wenn die Raupe frisst, knistern wir mit einem Papier.
Allerdings wird die Geschichte nicht erzählt und gleichzeitig mit den Tönen untermalt. Besser fürs Verständnis ist eine gestaffelte Form: Die Erzieherin
erzählt eine Handlung und unmittelbar danach hören die Kinder den dazu passenden Klang.

Nachdem die Erzieherin die Klanggeschichte zweimal hintereinander er-
zählt hat, sollen nun die Kinder zum Zug kommen. Entweder werden die Instru-
mente verteilt und die Spieler untermalen das Erzählte an der richtigen Stelle.
Oder die Kinder stellen die Geschichte mit viel Bewegung dar, während die Er-
zieherin sie nochmals erzählt und mit den Instrumenten begleitet.
Man kann auch ein Ratespiel erfinden: Was bedeutet das Knistern des
Papiers? Oder umgekehrt: Was tönt, wenn die Raupe frisst?
Schlussendlich dürfen die Kinder alles selber machen. Sie erzählen die
Geschichte und untermalen sie mit den zugeordneten Klängen.
Bei dieser Aktivität auf genügend Bewegung achten. Zu einem späteren
Zeitpunkt, beispielsweise im Freispiel, können interessierte Kinder selber Klang-
geschichten erfinden.

### 7. Das Tischtheater
Die gleiche Methodik gilt auch fürs Kasperlitheater

Da selten etwas Passendes auf dem Markt zu finden ist, wird das Theaterstück in den meisten Fällen von der Erzieherin selber erfunden. Der Inhalt muss nicht speziell spannend sein, die Kinder sind schon bei absolut harmlosen Geschichten begeistert und auch die Kleinsten schauen gebannt zu. Wenn das Tischtheater innerhalb eines Themas aufgeführt wird, sollte die Geschichte natürlich damit in Zusammenhang stehen.

Das Tischtheater wird vorgängig in einem andern Raum auf einem niedrigen Tisch oder einer Kiste aufgebaut. Und wie bei allen Aktivitäten, welche einen ruhigen Hauptteil beinhalten, muss in der Einstimmung wie auch im Ausklang viel Bewegung eingebaut werden.

Die Kinder sitzen erhöht vor der Bühne, bei mehr als sechs Kindern in zwei Reihen, wobei dann die hintere höher sein muss als die vordere. Alle Kinder müssen jederzeit freien Blick auf das Tischtheater haben, sonst langweilen sie sich und werden unruhig.

Die Bühne wird nur mit wenigen Requisiten bestückt, damit die Spielfiguren gut sichtbar bleiben.

Die Erzieherin kann das kurze Theaterstück (es dauert in der Regel zwischen drei und fünf Minuten) auch zweimal hintereinander spielen. Die Kinder freuen sich bestimmt und nehmen die Geschichte besser wahr.

Danach wird die Handlung am besten in ein kurzes Erlebnisturnen umgewandelt oder die ganze Geschichte nachgespielt. Dabei können sich die Kinder nicht nur ausgiebig bewegen, sondern verarbeiten gleichzeitig den Inhalt des Theaterstücks.

Während des Freispiels dürfen die Kinder selber mit dem Tischtheater spielen.

## 8. Das Schattentheater

Besonders in der dunklen Jahreszeit oder an einem düsteren Regentag ist dies eine ideale Aktivität. In einem abgedunkelten Raum hängt an einer Schnur ein weißes Leintuch bis zum Boden. Das Tuch muss gestreckt an der Leine hängen, da Falten das Schattenbild verzerren. Wichtig ist zudem eine starke Lampe, welche das Leintuch von hinten beleuchtet.
Vor dem Leintuch wird eine Theaterbestuhlung aufgebaut. Hinten stehen zwei stabile Kindertische und davor einige Kinderstühle. So hat eine Kindergruppe problemlos Platz zum Sitzen und sieht gut auf die Leinwand.

Zuerst werden die Kinder auf das Theater eingestimmt. Innerhalb des Themas «Von der Raupe zum Schmetterling» können wir zu Beginn der Aktivität einige passende Lieder singen und uns dann wie Raupen oder Schmetterlinge bewegen. Vielleicht veranstalten die Raupen auch einen Wettlauf über Äste, Steine und Blätter. Das bedeutet, dass auch wir über Stühle, große Klötze und durch Tücherhaufen kriechen.
Dann führt uns der Weg ins verdunkelte Zimmer, wo alle auf den Stühlen und Tischen vor dem Tuch Platz nehmen.
Die Erzieherin erzählt den Kindern nun, wie die Raupe in ihrer dunklen Puppe liegt. Wenn aber die Sonne scheint, sieht sie manchmal Schattenbilder an

der Wand ihrer Behausung. Vielleicht von Blättern, vorbeifliegenden Vögeln oder andern Dingen draußen in der Natur.

Nun beginnt der Hauptteil der Aktivität. Die Erzieherin kann als Erste einige Sequenzen hinter dem Tuch spielen. Damit die Schattenbilder wirklich scharf auf das Tuch projiziert werden, muss die Spielerin möglichst nahe an das Tuch herantreten, zwischen die Lampe und die Leinwand.

Jetzt dürfen auch die Kinder hinter das Tuch und den Zuschauern etwas vorspielen.

Innerhalb des themenorientierten Arbeitens werden zuerst Szenen aus dem aktuellen Thema gespielt.

Im Thema von der Raupe und dem Schmetterling könnte man mit der Hand und dem Arm eine kriechende Raupe darstellen oder mit dem ganzen Körper einen fliegenden Schmetterling spielen. Lustig sieht es auch aus, wenn wir mit der Hand das fressende Maul der Raupe imitieren. Manchmal muss man seitwärts an das Tuch stehen, damit die Schattenfigur, beispielsweise die fressende Raupe, auf der andern Seite erkannt wird. Ein fliegender Schmetterling kommt hingegen besser in frontaler Position zu Geltung.

Es gehört zur Aktivität Schattentheater, dass die Kinder danach auch frei erfundene Szenen spielen dürfen. Und da wird es dann schnell sehr lustig zu und her gehen.

### 9. Darstellende Spiele

Diese Aktivitäten verlangen von den Kindern bereits ein gut entwickeltes Selbstvertrauen und die Integration in der Gruppe, da sich die Kinder doch immer wieder vor den andern exponieren müssen. Um dieses Problem zu entschärfen, empfiehlt es sich, mit pantomimischen Spielen einzusteigen, welche mit allen gemeinsam oder in der Kleingruppe umgesetzt werden.

In einem nächsten Schritt motiviert man die Kinder, einmal alleine etwas vorzuspielen und kann dann nach und nach die Sprache dazunehmen.

Wichtig ist auch hier eine passende Einstimmung und ein für die Kinder hilfreicher Ausklang.

### 10. Fantasie- und Traumreise

Wir steigen mit einem Lied oder einem Singspiel, der Themafigur und vor allem mit entsprechender Bewegung ins heutige Thema ein. Dann wechseln wir spielerisch in das Zimmer, in welchem die Reise stattfindet. Hier ist das Licht gedämpft und Matten sind bereitgelegt.

Den Kindern wird erklärt, dass sie nun eine schöne Geschichte hören werden, die sie auf eine Reise mitnimmt. Jedes Kind sucht sich einen Platz und legt sich bequem hin. Für kleinere Kinder, welche mitmachen wollen, braucht es die Begleitung einer weiteren Erzieherin. Vielleicht beginnt die Geschichte mit leiser Musik, welche man aber während dem Erzählen wieder ausblendet. Die Kinder sollen sich von den gesprochenen Worten ins Geschichtenland entführen lassen. Musik als Background lenkt dabei nur ab. Will man nicht auf Musik verzichten, soll sie ganz leise gestellt werden, damit die Erzählstimme im Vordergrund steht.

Die Erzählerin spricht mit ruhiger, deutlicher Stimme. Sie moduliert die Worte und den Tonfall, wird aber nie dramatisch. Ihre Erzählung soll meditativ wirken und die Kinder beruhigen.

Es ist wichtig, am Ende der Geschichte keinen abrupten Übergang zu gestalten, sondern die Kinder langsam aus der Traumwelt zurück in die Realität zu holen. Dazu würde sich die Anfangsmusik eignen oder auch, dass die Erzählerin zu jedem Kind hingeht, ihm über den Kopf streicht und es auffordert, wieder aufzusitzen.

Als Vertiefung und Verarbeitung können wir die Kinder fragen, was sie auf der Reise erlebt haben. Dabei darf nichts in Frage gestellt werden. Für die Kinder ist es auch schön, wenn sie die Traumerlebnisse zeichnen dürfen.

Ob Bewegung angezeigt ist, muss aus dem Moment heraus entschieden werden. Sind die Kinder ruhig und völlig entspannt, würden wir sie mit Bewegungsspielen nur aus ihrer Stimmung herausreißen. Dann wäre ein verarbeitendes Zeichnen die bessere Wahl, um die Fantasiereise ausklingen zu lassen.

Sind sie aber zappelig, können wir die Geschichte mit einem kurzen Erlebnisturnen oder andern themenorientierten Bewegungsübungen vertiefen. Als Abschluss eignen sich ein passendes Lied oder einige Worte der Themafigur.

### 11. Lied-, Vers- oder Singspieleinführung

• Auswahlkriterien für Lieder und Singspiele:

Es muss unser Ziel sein, die Kinder das eingeführte Lied nach einiger Zeit alleine singen zu hören. Deshalb ist das ausgewählte Lied kurz. Bei längeren Liedern singen wir vorerst nur eine Strophe.

Wir wählen eine einfache Melodie, welche einen Tonumfang von fünf bis acht Tönen hat.

Auch ein klarer Grundschlag wie Ta, Ta, Ta oder Tate, Tate ist von Vorteil. Diesen Grundschlag können wir mit Klatschen oder Stampfen unterstützen.

Wiederholungen bei Melodie und Rhythmus bewähren sich und vereinfachen das Lernen des Liedes.

Der Text muss dem Verständnis der Kinder angepasst sein. Dies gilt natürlich auch für Verse aller Art.
Es lohnt sich, bei jedem neuen großen Thema ein oder zwei themenorientierte Lieder, Singspiele oder Verse einzuführen. So erweitern wir nach und nach den Liederschatz des Kindes. Wir dürfen dabei selber Lieder erfinden oder zu einfachen, bestehenden Melodien neue Texte dichten.
In diesem Zusammenhang möchte ich alle Erzieherinnen ermuntern, auch unsere alten Kinderlieder mit den Kindern zu singen, damit dieses Kulturgut nicht eines Tage vergessen und verloren geht.

Eingeflochtene Lautmalereien wie Tierstimmen, Lalala, Motorengeräusche und Ähnliches motivieren die Kinder zum Mitsingen.

Werden Klein- und Vorschulkindern zu komplizierte Lieder dargeboten, hinken sie beim Versuch mitzusingen immer hinterher. Nach vielen Wiederholungen können sie vielleicht mitmachen, singen das Lied aber meistens nur teilweise richtig. Deshalb sollte man mit der Wahl von Liedern aus der Pfadi, der Primarschule und von aktuellen, lässigen Kinderliedern, welche auch auf Tonträgern angeboten werden, zurückhaltend sein. Sie eignen sich grundsätzlich weniger für eine Liedeinführung mit kleinen Kindern.

• Einführen des Liedes:

Wenn wir mit den Kindern singen, ist es für die Kinderstimme wichtig, dass wir das Lied hoch anstimmen. Tief angesetztes Singen aus unserer Sprechstimme heraus schadet der Entwicklung der kindlichen Stimme. Sie ist von Natur aus mindestens eine Oktave (acht Töne) höher als bei Erwachsenen. Der Gebrauch der hohen Kopfstimme ist für die Entwicklung einer klaren Singstimme von großer Bedeutung. Deshalb müssen wir uns bemühen, die Kinderlieder wirklich hoch anzustimmen. Das regelmäßige Singen von hohen Tönen ermöglicht es auch uns Erwachsenen, unseren Tonumfang sukzessive zu erweitern.

Während einer Lied- oder Singspieleinführung singen wir das Lied möglichst häufig oder spielen es zur Abwechslung auch einmal auf einem Instrument. Damit eine Lied- oder Singspieleinführung aber nicht zum puren Singtraining verkommt, ziehe ich es vor, das Ganze ins aktuelle Thema einzukleiden. Nachdem wir im Einstieg in die Aktivität die üblichen Begrüßungszeremonien durchgeführt haben, ermöglichen wir den Kindern Bewegung. Dazu summen oder spielen wir bereits die Liedmelodie, welche zu unserem neuen Lied gehört.

Im Hauptteil könnten wir als Einführung ein Tischtheater mit dem Liedtext als Thematik vorspielen oder die Geschichte des Liedes mit den Kindern selbst darstellen. Damit wollen wir erreichen, dass die Kinder am Ende der Aktivität wissen und verstehen, wovon das Lied handelt.
Zum Prinzip der Liedeinführung gehört die mehrfache Wiederholung des Liedes in unterschiedlichsten Spielformen. Die Erzieherin spielt nochmals das Tischtheater und singt den Text. Die Kinder können sich danach zum Lied bewegen, Szenen pantomimisch darstellen oder mit den Figuren spielen. Man kann auch dazu klatschen und stampfen und, wenn es die Liedform zulässt, könnte man daraus auch gleich eine Liedbegleitung machen: Bei der Liedform A'B'B'A (zum Beispiel im Lied «Oh du goldigs Sünneli») könnte bei A immer geklatscht und bei B gestampft werden. Eine weitere Möglichkeit zur Ausgestaltung der

Liedeinführung ist das Musizieren. Zur Liedbegleitung eignen sich Schlaghölzchen, Rasselbüchsen, Glocken und andere einfach zu handhabende Instrumente.

Zusammenfassend kann festgehalten werden, dass in der Liedeinführung meistens zuerst die Melodie, dann der Text und danach das ganze Lied an die Kinder herangeführt wird.
Während der nachfolgenden Tage unterstützen wir den Lernprozess, indem wir das neue Lied immer wieder singen. So kann es sich im Gehirn gut verankern und bald werden die Kinder es auch alleine singen können.

Bei der *Singspieleinführung* kommt zusätzlich das Element des Spieles samt seinen Regeln hinzu. Wir lehren die Kinder nicht nur Text und Melodie, sondern auch die dazugehörende Spielform.

Bei der *Verseinführung* hingegen fällt die Melodie weg. Hier müssen wir uns ganz auf den Inhalt des Verses konzentrieren und diesen möglichst abwechslungsreich darstellen und spielen, wobei dann immer wieder der neue Vers dazu gesagt wird. Auch eine passende Figur oder unsere Themafigur kann dabei gute Dienste leisten.

Bei jeder dieser Einführungen gilt ebenfalls der Grundsatz: Viel Bewegung ermöglichen!


## 12. Tanzeinführung

Der gewählte Tanz muss von der Schrittfolge her sehr einfach sein. Es kann ein Tanzlied sein, welches wir selber singen, oder ein Musikstück ab CD. Es eignen sich zweiteilige Tanzformen, welche zu Melodieteil A eine festgelegte, unkomplizierte Tanzbewegung und zu Melodieteil B eine andere, ebenfalls immer gleich bleibende Tanzbewegung beinhalten. Teile A und B können dann auch mehrmals vorkommen, bestehen aber immer aus den gleichen, ihnen zugeteilten Tanzbewegungen. Zum Beispiel: ABA oder ABBA oder ABAB usw. Die Melodieteile müssen deutlich voneinander unterschieden werden können und klar strukturiert sein.
Die Kinder sollen den Tanz als Teil des aktuellen Themas erleben. Vielleicht zeigt die Themafigur den Tanz vor oder erzählt den Kindern davon.

Wir beginnen innerhalb der Aktivität mit Teil A. Wenn dieser einigermaßen klappt, versuchen wir uns an Teil B. Zum Schluss werden Teil A und B zu einem Ganzen zusammengefügt und mit der Musik nochmals getanzt.

Die Tanzeinführung wird mit einer passenden Geschichte eingerahmt.

Es ist wichtig, den Tanz in der Folge immer wieder zu tanzen, damit die Kinder ihn gut lernen.

### 13. Musizieren

Wir können mit allem, was tönt, Musik machen. Entweder musizieren die Kinder geführt von der Erzieherin oder machen mit Gegenständen ein experimentelles Musizieren.

Wie immer, muss auch während dieser Aktivität auf genügend Bewegung geachtet werden!

• Geführtes Musizieren:

Wir stellen einfach zu handhabende Instrumente zur Verfügung: Rassel, Schlaghölzchen, Klangstab, Trommel, Fingercimbeln, Holzblock, Glockenspiel, Triangel und andere.

Wenn die Kinder ein Instrument ausgesucht haben, dürfen sie dieses zuerst einmal zum Tönen bringen. Will das Instrument nicht richtig klingen (z.B. der Triangel), soll die Handhabung kurz gezeigt werden.

Der Aufbau der Aktivität kann folgendermaßen aussehen: Jedes Kind darf sein Instrument nach der Ausprobierphase den andern vorspielen. Dann zwei Gruppen bilden, welche im Wechsel miteinander spielen. Mit den Kindern üben, laut/leise oder schnell/langsam zu spielen. Es kann auch ein Kinderdirigent bestimmt werden. Dieser zeigt, welche Gruppe spielen darf und vielleicht auch, ob sie schnell oder langsam spielen muss. Der Dirigent sollte ein älteres Kind sein.

Man kann auch mit den Instrumenten Lieder begleiten. Oder während die eine Hälfte der Kinder Musik macht, bewegt sich die andere dazu. Und zum Schluss bilden die Kinder eine Reihe und machen einen Musikumzug durch die Räume. Im Laufe der Aktivität sollten die Instrumente getauscht werden, damit die Kinder mehr als nur eines kennen lernen.

Ältere Kinder können die Instrumente vielleicht schon in Kategorien einteilen: Metallinstrument, Holzinstrument oder Schlag- und Klanginstrumente. Dann sollen nur die einen spielen und danach die andern. Hören wir einen Klangunterschied und wie ist er?

- Experimentelles Musizieren:

Dieses unterscheidet sich vor allem durch die Wahl der Instrumente. Es eignen sich, je nach Thema, Küchenutensilien, Waldgegenstände, Haushaltsachen, Werkzeuge, Naturmaterial, wertloses Material usw.
Die Ausprobierphase muss beim experimentellen Musizieren länger geplant werden. Auch der Wechsel der Instrumente soll gewährleistet sein. Vielleicht liegen auf verschiedenen Tüchern oder Tischen einige Instrumente bereit. Wenn der Gong nach einiger Zeit ertönt, wechseln alle Kinder zum nächsten Ort, wo sie wiederum alles ausprobieren dürfen. Nach einer Experimentierphase von gesamthaft etwa zehn Minuten entscheiden sich alle definitiv, welches Instrument sie im restlichen Verlauf der Aktivität spielen wollen.
Der weitere methodische Ablauf dieser Aktivität entspricht in etwa demjenigen des geführten Musizierens, kann aber nicht ganz alle Elemente einbeziehen, da die Dauer sonst den Rahmen sprengen würde.
Nach beiden Aktivitäten dürfen Kinder, welche das Bedürfnis dazu haben, im Freispiel in einem geeigneten Raum weiterhin mit den Instrumenten experimentieren und spielen.

## 14. Rhythmik oder rhythmisch-musikalische Erziehung

Rhythmik ist ganzheitliches Lernen durch Erleben. Die Mittel im rhythmischen Erziehungsbereich sind Bewegung, Musik, Sprache und rhythmische Spiele. Alles Lernen vollzieht sich in der Rhythmik spielerisch. Die Spielsituationen sind so angelegt, dass viel Freiraum für das eigene Experiment bleibt. Erleben – Erkennen – Benennen ist ein charakteristischer Aspekt in der Rhythmik.
Prof. Mimi Scheiblauer trug wesentlich zur Entwicklung und Verbreitung der Rhythmik in der Schweiz bei. 1926 gründete sie das Rhythmikseminar als Abteilung des Konservatoriums Zürich. Neben Musik und Bewegung bezog sie verschiedenes Spielmaterial in ihre Arbeit ein und nannte ihre Tätigkeit «rhythmisch-musikalische Erziehung». Sie legte Wert auf die Erkenntnis, dass

eine Schulung der rhythmischen Fähigkeiten nicht allein auf einem musikalischen Hintergrund geschehen kann und kritisierte, «dass es auch immer noch Leute gibt, die all jene Übungen, die ohne Musik ausgeführt werden – ich denke an Sinnesübungen, Gruppenübungen u.a.m. – als nicht zur Rhythmik gehörend ablehnen» (Schildknecht, 1990, Seite 12).

M. Scheiblauer teilte die Vielfalt von Übungen ein in:
Sinnesübungen
Ordnungsübungen
Phantasieübungen
Begriffsbildende Übungen
Soziale Übungen

Diese Einteilung behindert das ganzheitliche Lernen nicht, sind doch bei jeder Übung meistens auch andere Bereiche angesprochen. Die Rhythmik bietet uns eine riesige Palette von Möglichkeiten, das Kind auf natürliche und ganzheitliche Art anzusprechen und in seiner Entwicklung zu unterstützen. Sie eignet sich, angepasst, für jede Altersstufe.

• Die Aktivität:

Der Einstieg beginnt im Kreis mit der Themafigur, einem Lied oder Spiel. Während der Aktivität geben wir den Kindern mit verschiedenen Spielen Impulse, damit sie selber aktiv sein und Erfahrungen sammeln können.
Wir bauen die Rhythmikstunde problemlos in unser Thema ein. Vielleicht übernehmen wir zwei verschiedene Gangarten der Raupe (sie kriecht langsam oder schnell) und machen daraus eine Begriffsbildung. Oder wir entscheiden uns für soziale Übungen, da viele Raupenarten sehr gesellig miteinander leben. Wir können aber auch ein Material in den Mittelpunkt der Aktivität stellen. Da Raupen den ganzen Tag Blätter fressen, machen wir zum Beispiel verschiedene Wahrnehmungsspiele mit Blättern. Es sind uns fast keine Grenzen gesetzt, falls die Kinder freudig mitmachen.
Noch ein Wort zur musikalischen Begleitung von Bewegungen: Es ist nicht nötig, dass die Erzieherin ein Klavier zur Verfügung hat und darauf auch spielen und improvisieren kann. Es genügt, wenn wir fließende Bewegungen wie Tanzen, sich Wiegen oder improvisierte Bewegungsgestaltungen mit einem Melodieinstrument (Flöte, Glockenspiel, Klangstäben, Xylophon, Triangel,

Gitarre usw.) begleiten. Für genaue rhythmische Bewegungen, sei es Marschieren, Rennen, Hüpfen, aber auch stampfende Tänze eignen sich Rhythmusinstrumente wie Tamburin, Schlaghölzer, Trommel, Bongo, Holzblocktrommel und Rassel sehr gut.

Auch passende Musik ab CD oder Kassette kann zur Begleitung von Bewegungen eingesetzt werden. Ihr Nachteil ist aber, dass wir uns nicht spontan den Bewegungsmustern der Kinder anpassen können.

Die Bewegungsbegleitung ist ein wichtiges pädagogisches Element in der Rhythmik. Es ist notwendig, die Kinder genau zu beobachten und sie über die Musik und den Rhythmus zu leiten und zu begleiten. Den Kindern macht es immer Spaß, sich zu einer Musik oder einem Rhythmus zu bewegen. Wir Erzieherinnen können aber auch die körpereigenen Instrumente (Stimme, Hände, Füße) zur Bewegungsbegleitung einsetzen.

Da Rhythmik von der Bewegung lebt, ist es bei dieser Aktivität wichtig, dass wir zwischendurch auch ruhigere Elemente einbauen. Man kann dann zum Beispiel einer Musik zuhören, einen Gegenstand im Kreis herum geben, den Rhythmus des eigenen Atems spüren oder ähnliche ruhige Übungen machen, welche zur Aktivität passen.

Falls wir während der Aktivität mit Material arbeiten, sei das mit Reifen, Bällen, Tüchern, Schlaghölzern, Stäbchen, Klötzen oder Naturmaterial, stellen wir dieses für Interessierte danach auch im Freispiel zur Verfügung. Damit es aber etwas Besonderes bleibt, soll unser spezielles Rhythmikmaterial, vor allem auch Instrumente, im Freispiel für die Kinder nicht immer zugänglich sein.

Wir können den Kindern allerdings in einer Kiste dem Alter angepasste, robuste Instrumente zur ständigen Benützung anbieten, welche wir normalerweise aber nicht für unsere Aktivitäten verwenden.

### 15. Rhythmisches Zeichnen

Der Kern der Aktivität ist das Zeichnen von Formen zu einer rhythmisierenden Begleitung, sei es durch die Stimme, ein Instrument oder einen Vers. Die Formen können zu einer Figur zusammengefügt (Schneemann, Katze, Raupe …), aber auch einzeln als Striche oder Kreise gezeichnet werden. Natürlich überlegen wir uns, wie man auch diese Aktivität anhand der Formenwahl und einer Geschichte ins aktuelle Gruppenthema integrieren kann. Im Thema Winter wählen wir vielleicht den Schneemann, welcher aus zwei Kreisen und einem Besen besteht. Das Ausschmücken des Kopfes kann jedes Kind nach eigener Fantasie gestalten. Beim Raupenthema zeichnen wir eine Raupe aus einigen Kreisen. Auch hier sollen die Kinder den Kopf frei gestalten dürfen. Es ist aber auch möglich, auf das Wetter einzugehen und in einer Geschichte von Regen und Sonne zu erzählen. Striche als Regen und der Kreis als Sonne, vielleicht kombiniert mit Strahlen, wären dann die Formen in diesem rhythmischen Zeichnen.

Schon während des Einstiegs mit viel Bewegung nehmen wir das Thema auf, damit die Kinder eingestimmt sind auf das, was wir miteinander zeichnen werden. Vielleicht versuchen wir auch noch, die Form mit unserem Körper oder Körperteilen zu gestalten: Alle legen sich wie ein Strich auf den Boden. Oder formen mit den Armen einen Kreis.

Bevor die Kinder aufs Papier zeichnen dürfen, werden wir die Form gemeinsam mit dem Ölkreidestift in die Luft zeichnen.

Während des rhythmischen Zeichnens begleitet die Erzieherin mit der Stimme oder dem Instrument die Bewegung des Stiftes rhythmisch und führt damit den Schwung der Hand. Sie sagt zum Beispiel so oft im Takt: «Runde, runde Ruugel, de Ruugel isch ganz rund», bis alle Kinder einen dicken Kreis auf das

Papier gezeichnet haben. Das Tempo der Stimme wird variiert und dem Können der Kinder angepasst. Mit den Fingernägeln kann man auf dem Leder des Tamburins kreisende Bewegungen machen und auf diese Weise die zeichnenden Kinder führen. Auch das rhythmische Sprechen eines Verses wie «En große, ticke Rugel Schnee – das mues en Schneemaa gää, juhee… usw.» eignet sich zur Begleitung des rhythmischen Zeichnens.

Nachdem die Werke allseits bewundert wurden, soll der Ausklang im Thema wieder mit Bewegung gestaltet werden.


### 16. Erlebniszeichnen

Nach einem bewegten Einstieg, welcher die Kinder ins Thema einstimmt, setzt sich jedes Kind vor sein Blatt Papier. Dieses ist mit Vorteil am Boden befestigt. Nun erzählt die Erzieherin eine Geschichte in kurzen Sätzen. Zu jedem Satz macht sie danach auf ihr Papier passende Zeichen. Zum Beispiel für Schritte Striche, für einen Tanz Wellenlinien, für Sprünge Punkte, für Rascheln ein Gekritzel und so weiter. Die Kinder zeichnen mit.

Als Ausklang braucht es wieder Bewegung. Wir erarbeiten die Geschichte mit den Kindern nochmals durch Nachfragen und setzen alles gleich mit dem eigenen Körper in Bewegung um.


### 17. Musikmalen

Die Musiksequenz, welche im Mittelpunkt dieser Aktivität steht, kann aus einem klassischen Stück, aber auch einmal aus der Volks- oder der Unterhaltungsmusik stammen. Wichtig ist, dass sie zum Thema passend ausgesucht wird. Für einen Schneesturm benötigen wir eine Musik, die wilde Elemente beinhaltet, für den Schmetterlingstanz hingegen wählen wir eher eine Walzermelodie. Die gleiche Musik kann innerhalb des aktuellen Themas auch für freies Tanzen, für darstellende Spiele, fürs Musizieren und andere Aktivitäten eingesetzt werden.

Die ausgewählte Sequenz ist etwa drei Minuten lang und verfügt über unterschiedliche Tempi. Sie hat demnach ruhige, aber auch lebhafte Teile.

Als Einstieg stimmen wir die Kinder mit einem Lied oder Singspiel aufs heutige Thema ein. Danach hören wir die Musik. Mit einer kurzen Geschichte wird erzählt, wer zu dieser Musik tanzt. In unserem Fall sind es vielleicht Schmetterlinge, welche über der Blumenwiese hin und her gaukeln. Die Kinder bekommen nun ein zartes Chiffontuch oder auch zwei, welche die Schmetterlingsflügel symbolisieren. Zur Musik tanzen alle Kinder wie Schmetterlinge und bewegen dabei die Tücher auf und ab.

Im Kreis stehend hören wir dieselbe Musiksequenz nochmals und bewegen stehend die Tücher passend zur Musik.

Mit Malerklebband wurde vorgängig, vielleicht in einem andern Raum, ein langes Stück Packpapier auf dem Boden befestigt. Jedes Kind bekommt einen Platz zugewiesen und darf zwei Ölkreidestifte aussuchen, aber noch nicht benützen.

Die Musik wird wieder abgespielt und wir zeichnen mit den Stiften den Tanz der Schmetterlinge in die Luft, diesmal aber nur kurz. Dann dürfen die Kinder mit einem Stift passend zur Musik auf dem Papier den Tanz des Schmetterlings zeichnen. Es entstehen dabei Striche, Kreise und Gekritzel, keine Figuren.

Die Erzieherin beobachtet die Kinder beim Malen. Hin und wieder gibt sie eine Anweisung zur Maltechnik: Nur mit der linken oder rechten Hand malen, mit beiden Händen gleichzeitig, mit geschlossenen Augen (das können oft nur größere Kinder) oder wieder so, wie es jedem am besten gefällt.

Haben die Kinder Freude am Musikmalen, machen wir noch eine zweite Runde. Vielleicht wollen die Kinder dazu die Farben der Ölkreidestifte austauschen.

Am Ende der Aktivität umrunden wir gemeinsam das bunte Bild des Schmetterlingstanzes und bewundern es von allen Seiten. Ein Lied macht den Abschluss.

Vielleicht wollen die einen oder andern Kinder im Freispiel nochmals zur Musik malen. Wir stellen ihnen die Musik und neues Papier zur freien Verfügung.

Als Inhalt des themenorientierten Musikmalens eignen sich auch Blumentänze, der Tanz der Herbstblätter, der Schneeflocken, der Wolken, der Eisnixen, des Wassers, der Flammen, der Sonnenstrahlen und vieles mehr.

### 18. Spiele zum Thema

Dies ist wahrscheinlich eine der häufigsten Aktivitäten. Sie ist oft nicht von einer Rhythmik zu unterscheiden, weil darin ebenfalls viele Bewegungs- und Wahrnehmungsspiele mit und ohne Material enthalten sind.

Auch Musikinstrumente kommen manchmal zum Einsatz, wenn wir zum Beispiel ein «Bodehöcklis» zum Thema einflechten oder die Schritte von Menschen oder Tieren mit dem Tamburin oder der Flöte begleiten.

«Spiele zum Thema Blätter» beinhaltet beispielsweise verschiedene Spiele mit diesem Naturmaterial.

Die Aktivität «Spiele zum Thema Raupen» hingegen würde allerlei Besonderheiten der Raupen (Kriechen, Fressen, Häuten, Verpuppen…) aufnehmen und in Spielformen umsetzen.


### 19. Lustige Spiele zum Thema

Diese Aktivität unterscheidet sich von den Spielen zum Thema darin, dass alle Spiele wirklich lustig sind. Beschäftigungs- und Kinderpartybücher geben uns viele Ideen, welche wir mit etwas Fantasie auf unser Thema ableiten können.

Wenn als Spiel vorgeschlagen ist, einen Esel ohne Schwanz auf ein großes Papier zu zeichnen und dann den Schwanz mit verbundenen Augen am richtigen Ort auf dem Esel zu befestigen, können wir beispielsweise beim Thema Raupe versuchen, das Maul der Raupe an ihrem Kopf korrekt zu platzieren.

Kim-, Such-, Verkleidungsspiele und Zaubereien gefallen den Kindern ebenfalls. Auch einfache Wettspiele sind lustig, es sollten aber in diesem Alter keine Siegerehrungen gemacht werden. Wir machen das Spiel, weil es lustig ist und es spielt schlussendlich keine Rolle, wer dabei gewinnt oder verliert.


### 20. Legespiel

Für das Legespiel benötigen wir pro Person identisches Material in den gleichen Farben, Formen und Mengen. Zum Beispiel gleich große Schmetterlinge aus Moosgummi oder festem Papier: drei rote, zwei blaue und einen gelben. Oder drei große rote, zwei mittlere rote und einen kleinen roten Schmetterling, wobei die Größen klar voneinander unterscheidbar sein müssen.

Es können auch Tannzapfen, Föhrenzapfen oder andere Naturmaterialien sein, ebenso Schiffe, Ostereier, Früchte, geometrische Formen, Blumen oder Blumenblätter und vieles andere mehr aus Papier, Karton oder Moosgummi.

Es ist wichtig, dass wir im themenorientierten Arbeiten das Legematerial passend zum aktuellen Thema auswählen.

Wir planen den Einstieg mit Bewegung, der ruhige Abschnitt ist der Hauptteil mit dem eigentlichen Legespiel und den Ausklang gestalten wir nochmals voller Bewegung.

Wenn wir das eher sachliche Legespiel mit einer kleinen, themenorientierten Geschichte einrahmen, ermöglichen wir den Kindern einen fantasievollen, spielerischen Zugang zu dieser interessanten Aktivität.

Wir beginnen den Hauptteil auf dem Boden im weiten Kreis. Jedes Kind erhält ein Kuvert oder einen andern Behälter mit dem Legematerial und nimmt die Sachen heraus. Nun werden sie angeschaut, benannt und, nach Farben oder Formen sortiert, auf Häufchen vor sich auf den Boden gelegt. Das Kuvert wird weggeräumt.

In der Folge legt die Erzieherin mit dem Material Muster vor sich auf den Boden. Die Kinder legen das gleiche Muster nach. Die Erzieherin beginnt sehr einfach und steigert im weiteren Verlauf je nach Fähigkeiten der Kinder den Schwierigkeitsgrad ihrer Muster. Die Kinder, welche im Kreis vis-à-vis sitzen, werden die Muster gespiegelt hinlegen, was aber in diesem Alter in Ordnung ist.

Die Kinder bekommen auch Zeit, mit dem Material eigene Muster zu erfinden. Man kann dann auch Kindermuster nachlegen lassen.

Einen Höhepunkt bildet das Nachlegen aus dem Gedächtnis oder nach «Diktat». Die Erzieherin legt ein einfaches Muster auf den Boden. Alle schauen es gut an und merken sich die Reihenfolge. Dann wird das Muster zugedeckt und die Kinder legen es aus dem Gedächtnis nach. Die Kinder können anhand der Vorlage nachher selber kontrollieren, ob sie es richtig nachgelegt haben.

Die Erzieherin kann aber auch diktieren, was die Kinder legen sollen, indem sie sagt: «Zuerst legt ihr den roten Schmetterling, danach den gelben und zum Schluss den blauen nebeneinander.» Erst jetzt dürfen die Kinder mit dem Nachlegespiel beginnen.

Wir können die Aktivität ausklingen lassen, indem wir Zweier- oder Dreiergruppen bilden und die Kinder in diesen Gruppen mit ihrem gesamten Material gemeinsam ein einziges Muster legen. Natürlich werden wir miteinander alle diese Kunstwerke bewundern und nach einem Lied dürfen die Kinder ihre Kuverts wieder mit dem Material in richtiger Anzahl füllen. Dazu kann es hilfreich sein, wenn die Erzieherin alles Material, welches in ein Kuvert gehört, nochmals auf dem Boden auslegt.

Vielleicht möchten einige Kinder im Freispiel mit dem Legematerial weiterspielen, während sich die übrigen einem andern Spiel zuwenden.

### 21. Neues Wissen spielerisch erleben

Mit dieser Aktivität wollen wir den Kindern neues Wissen und Erfahrungen über ein Lebewesen, die Natur, einen Beruf, einen Brauch oder anderes ermöglichen. Auf spielerische Art lernen die Kinder etwa, wo und wie eine Raupe lebt und wie sie sich entwickelt.

Es ist wichtig, dass sich die Erzieherin selber genau über die Raupe und deren Lebenszyklus informiert, damit die Kinder das neue Wissen wirklichkeitsgetreu aufnehmen können.

Manche Erzieherin verwendet viel Zeit darauf, ausgeklügelte Spiele zu gestalten. Viel einfacher und für die Kinder auch nachvollziehbarer sind hingegen natürliche Abläufe, welche aus dem Thema ersichtlich werden: Da die Raupe eine besondere Art der Fortbewegung hat, kann man mit den Kindern dieses Kriechen üben.

Weil sie Löcher in Blätter frisst, versuchen wir ebenfalls, in Salatblätter Löcher zu nagen. Raupen kriechen über Halme und Äste, deshalb kriechen wir über eine Bank.

Da sich die einen Raupen schneller als andere fortbewegen, veranstalten wir vielleicht ein Wettkriechen und wenn sich die Raupe verpuppt, wickeln auch wir uns in ein großes Tuch. So können wir die Realität spielerisch umsetzen und müssen uns nicht komplizierte Übungen ausdenken. Natürlich gehört auch immer ein gutes Bild oder Foto zur Wissenserweiterung dazu, in unserem Beispiel von einer Raupe.

Da wir über das Thema keinen Vortrag wie in einer Schule halten, müssen wir immer überlegen, wie wir das neue Wissen in Sinnes- und Bewegungsspiele verpacken, damit die Kinder altersgemäß lernen können.

## 22. Experimentieren

Als Aktivität angeboten, beinhaltet das Experimentieren einen Einstieg mit Bewegung, welcher auf das aktuelle Thema hinführt, und einen Ausklang, der es den Kindern ermöglicht, sich übergangslos im Freispiel weiter mit der Materie zu beschäftigen. Vielleicht braucht es auch gar keinen Ausklang, weil die Kinder, die nicht mehr experimentieren möchten, lieber spielen gehen und die andern sich weiterhin mit dem Material verweilen. So gestaltet sich der Übergang ins Freispiel fließend.

Im Hauptteil lernen die Kinder ein Material oder auch mehrere Materialien näher kennen, probieren verschiedene Spielmöglichkeiten aus oder untersuchen es auf seine Eigenschaften hin. Dabei stellen sie sich Aufgaben und lösen auftauchende Probleme selbständig. Wir schaffen altersgerechte Bedingungen, geben einige Inputs und wechseln danach in die Beobachterrolle. Wir helfen dort, wo es gewünscht wird, ermutigen die Kinder aber, selber Lösungen zu suchen.

Für die Aktivität «Experimentieren» eignen sich vielfältige Materialien. Für das Raupenthema kann man Natursachen wie Rinde, Blätter und Grashalme samt Scheren, Handbohrer und anderes Werkzeug bereitstellen. Für die Verpuppungsphase der Raupe auch Tücher und Seile, wobei man wegen der Unfallgefahr immer ein Auge auf die Spielenden haben sollte. Für die Schmetterlingszeit einen Sack echter Rosenblätter, die man auf dem Markt bekommt, und feste Papiere als Unterlage, um darauf eventuell mit den Blättern Muster zu legen. Oder man gibt den Kindern Blütenblätter aus farbigen Papieren, Papierservietten, Strohhalme, Pfeifenputzer und weiteres Material, um Blumen selber zu gestalten.

Für Experimentieraktivitäten zu andern Themen eignen sich Erde oder Steine, Sand, Sägemehl, Waldmaterial, Wasser mit verschiedenen Gegenständen, Baumaterial, Eiswürfel, Kübel voller Schnee, wertloses Material usw.

Das Material, welches wir den Kindern zum Experimentieren zur Verfügung stellen, werden wir mit einem speziellen Spiel in die Runde bringen, sei es mit Ertasten, Suchen, Raten, einem einfachen Puzzle aus dem Bild dieses Materials oder mit einer kurzen Geschichte, auch mal singend erzählt. Unserer Fantasie sind dabei keine Grenzen gesetzt. Die Kinder sollen motiviert werden, sich voller Spannung und Interesse dem Neuen zuzuwenden. Falls Regeln für den Umgang mit dem Material oder mit Werkzeugen erforderlich sind, müssen diese den Kindern erklärt und dann auf deren Einhaltung bestanden werden.

## 23. Erlebnisturnen

Das Erlebnisturnen eignet sich hervorragend für alle Altersstufen und kann zu jedem Thema eingesetzt werden. Diese Aktivität kann als Einstieg in ein Thema dienen, einen Schwerpunkt vertiefen oder den Schlusspunkt des Themas setzen.

Jede der 12 bis 15 Turnübungen ist eingebettet in den chronologischen Ablauf der gewählten Geschichte und ermöglicht den Kindern ein Umsetzen und Erleben derselben mit dem eigenen Körper.

Man braucht dazu Platz, die eigene Stimme und ein Rhythmusinstrument. Nichts weiter.

Die Turnübungen werden wie schon erwähnt, in eine Geschichte eingebettet. Wir setzen die Geschichte von A bis Z in Bewegung um. Dabei sollen verschiedene Körperteile und Muskeln der Kinder trainiert werden. Den Schwierigkeitsgrad der Übungen passen wir den Fähigkeiten der Kindergruppe an.

Jede Übung wird mit der Stimme oder dem Instrument rhythmisch begleitet und mehrmals ausgeführt. Frisst sich die Raupe durch ein Blatt, machen wir zur gesprochenen Begleitung «Frässe, frässe, immer frässe…» mit dem Mund Fressbewegungen und Fressgeräusche. Wenn sie hingegen kriecht, begleitet das Tamburin diese Bewegungen.

Die Formel für ein Erlebnisturnen lautet diesmal umgekehrt, nämlich «Ruhe – Bewegung – Ruhe». Einstieg und Ausklang dieser Aktivität werden deshalb eher ruhig gestaltet.

## 24. Turnen

Turnaktivitäten führen wir mit Vorteil in einer kleinen oder großen Turnhalle durch. Oft kann in der Turnhalle einer nahen Schule eine freie Stunde belegt werden. In den ersten Turnstunden müssen die Kinder sorgfältig an die riesigen Dimensionen des unbekannten Raumes herangeführt werden.

In einer langen Reihe umrunden wir die Halle, bewegen uns auf den auf dem Boden markierten Linien des Raumes und durchqueren ihn auch diagonal. Dann schauen wir die Einrichtungen an und erklären den Kindern die besonderen Regeln hier. Wir machen diese Raumgewöhnung als Einstieg in die Turnstunde so oft, bis alle Kinder mit der Turnhalle vertraut sind.

Ein großer, leerer Raum animiert die Kinder, sich zu bewegen und zu rennen. Es ist sinnvoll, den Kindern nach der Eingewöhnung in die Halle dieses Vergnügen zu Beginn der Turnstunde zu ermöglichen.

Steht uns weder eine Turnhalle noch ein anderer großer Raum zur Verfügung, müssen wir uns mit unserem eigenen Zimmer behelfen. Um genug Bewegungsfreiheit zu schaffen, stellen wir die Möbel und Spielsachen auf die Seite.

Wir gestalten die Turnaktivität mit oder ohne Material.
Als Einstieg eignen sich beispielsweise gezielte Gymnastikübungen für alle Körperteile und Muskeln. Damit die Kinder lernen, Bewegungs- und Atemrhythmus aufeinander abzustimmen, machen wir zuerst einige Atemübungen.

Dabei gilt es zu beachten, dass wir beim Ausatmen über mehr Kraft verfügen. In Ruhestellung wird deshalb eingeatmet und bei der Muskelbetätigung ausgeatmet: zum Beispiel in Rückenlage einatmen, beim Aufsitzen wieder ausatmen.

Für die Kinder sollen die Gymnastikübungen ein lustiges Spiel sein, in welchem sie sich wie Tiere bewegen und Personen oder Gegenstände darstellen.

Der Hauptteil kann auf unterschiedlichste Art zusammengestellt werden. Hindernisparcours sind sehr beliebt, man kann aber auch ein Gerät wie etwa die Langbank, die große Matte, die Ringe oder Sprossenwand benützen. Auch Reifen, Bälle, Bänder, Seile oder ein Fallschirmtuch eignen sich gut als Schwerpunkte der Aktivität.

Wollen wir ohne Material arbeiten, können wir Gangarten üben, Wett- und Fangspiele veranstalten oder Tänze einstudieren. Es gibt unzählige Möglichkeiten, um eine abwechslungsreiche Turnstunde durchzuführen. Bücher zum Thema Kinderturnen geben uns dazu neue Inputs.

Innerhalb des themenorientierten Arbeitens integrieren wir auch die Turnstunde ins aktuelle Thema und die Themafigur wird die Kinder gerne begleiten.

Vielleicht stellen wir einen Hindernisparcours für kriechende Raupenkinder auf. Oder die an die Kinder verteilten Seile sind Raupen, mit denen wir viele Übungen machen können. Während einer anderen Turnaktivität machen kletternde Raupen Spiele an der Sprossenwand und beim nächsten Mal verwandeln uns Tücher in Schmetterlinge, welche zur Musik durch die Turnhalle fliegen, zu zweit oder zu dritt Kunststücke machen und bei Reifenblumen einkehren. Mit solchen Ideen lassen sich ohne großen Aufwand ganze Turnstunden zusammenstellen.

Wird die Turnstunde in einem Zimmer abgehalten, schränkt die Größe des Raumes die Möglichkeiten automatisch ein. Trotzdem ist es wichtig, mit den Kindern immer wieder zu turnen und so verschiedene Muskeln und Körperteile zu bewegen und zu trainieren, das Gleichgewicht weiterzuentwickeln und auch Geschicklichkeit und Mut zu fördern. Damit leisten wir auch einen wichtigen Beitrag zur Prophylaxe der heute weit verbreiteten Bewegungsarmut und dem damit verbundenen Übergewicht vieler Kinder.

### 25. Einführen von neuem Spielmaterial

Das kann ein Stall mit Tieren sein, eine neu eingerichtete Puppenecke, Bauklötze, ein altersgemäßes Puzzle, die Holzeisenbahn, eine Spielecke zum aktuellen Thema und vieles mehr.

Bevor wir den Kindern das neue Spielmaterial zur Verfügung stellen, überlegen wir uns, auf welche Art wir es ihnen vorstellen wollen. Das kann beim Stall mit einem Tischtheater geschehen.

Mit den Bauklötzen können wir hingegen zuerst verschiedene Geschicklichkeitsspiele veranstalten, bevor wir gemeinsam etwas bauen und die Klötze mit den Kindern danach spielerisch wieder richtig wegräumen.

Ein Puzzle wird, in Einzelteile zerlegt, in die Mitte gelegt. Jedes Kind nimmt ein Teilchen und schaut, ob es erkennt, was darauf abgebildet ist. Alle diese Bilder werden nun beispielsweise mit Bewegung dargestellt, bevor wir gemeinsam versuchen, das Puzzle zusammenzusetzen.

Viele weitere Spielideen sind bei der Einführung von neuem Spielzeug möglich, da werden unserer Fantasie kaum Grenzen gesetzt.

Das Prinzip einer Spielzeugeinführung ist es, das neue Material vorzustellen, Spielmöglichkeiten aufzuzeigen sowie Sorgfalt und Regeln im Umgang zu lehren.

Einen Korb voll von wertlosem Material oder auch eine alte Schreibmaschine oder Ähnliches können die Kinder ohne Anleitung gut zum Experimentieren und Spielen benützen. Wenn wir hingegen eine Spielecke mit Figuren, Tieren und Zubehör einrichten wollen, möchten wir den Kindern vielleicht zeigen, wie man damit sorgfältig spielt, und gemeinsam mit ihnen Spielmöglichkeiten herausfinden. Allerdings sollten wir sie in ihrer Fantasie nur dort einschränken, wo das Spielmaterial kaputt gehen könnte, nicht aber, wenn sie die Spielsachen ihren Bedürfnissen entsprechend umfunktionieren.

Die Aktivität «Neues Spielmaterial einführen» beginnt mit einem Einstieg, der auf das Spielmaterial einstimmt und auch Bewegung ermöglicht. Im Hauptteil stellen wir das Spielzeug auf interessante Art vor und finden mit den Kindern heraus, wie damit gespielt wird. Der Ausklang sollte die Thematik nochmals aufnehmen und wenn möglich mit Bewegung auswerten. Im Freispiel dürfen die Kinder dann mit den neuen Spielsachen spielen.

### 26. Einführen von Wasserfarben und anderem Bastelmaterial

Diese Aktivität bezweckt, den Kindern die Handhabung des Bastelmaterials (Farben, Knete, Moosgummi…) oder des Werkzeugs (Schere, Hammer, Bohrer…) zu zeigen und erste Versuche damit zu ermöglichen. Wenn wir Wasserfarben neu einführen, ist es sinnvoll, zuerst mit wenigen Farben zu beginnen, mit ihnen vor dem Malen Spiele zu machen und auch ihre Namen kennen zu lernen. Auch die Pinsel müssen den Kindern bekannt sein, wie auch, welcher Pinsel zu welcher Farbe gehört. Dann können wir im Hauptteil mit dem eigentlichen Malen starten und ausprobieren, was sich mit Farben alles machen lässt.

Im Ausklang werden die Hände und als Übung eventuell auch die Pinsel wieder sauber gewaschen.

Im Freispiel dürfen die Kinder, die wollen, auf neuen Papieren frei malen und klecksen.

## 27. Bastelarbeit / 28. Gestalterische Gruppenarbeit

Gerade bei diesen Aktivitäten wird oft vergessen, dass sich die Kinder nicht lange konzentrieren können und auch nicht lange ruhig sitzen sollten. Die Formel «Bewegung – Ruhe – Bewegung» ist hier ganz besonders wichtig.

Der Einstieg muss den Kindern bereits viel Bewegung ermöglichen und zwar so, dass sie damit auf das Bastelthema eingestimmt werden. Soll eine Raupe entstehen, werden wir uns auf verschiedene Arten wie Raupen bewegen und Spiele dazu machen.

Im Hauptteil wird allein oder für eine Gruppenarbeit in der Gruppe  gebastelt, gestaltet und gewerkt. Dies geschieht ohne grobmotorische Bewegungsmöglichkeiten, ist jedoch eine gute feinmotorische Anregung.

Falls man einen gemeinsamen Abschluss plant, muss der Ausklang unbedingt viel grobmotorische Bewegung zur vorangegangenen Thematik enthalten. Und wer im Freispiel weiterbasteln möchte, darf das, die andern aber können dies auch auf einen andern Tag verschieben. Das Weiterbasteln muss ein freiwilliges Angebot sein.

Wenn die Kinder aber in individuellem Tempo arbeiten, werden sie gestaffelt ins Freispiel gehen, womit sich ein Ausklang erübrigt. Im Freispiel soll dann jedoch das Bedürfnis nach Bewegung nicht unterbunden werden.

Wollen wir die Kreativität der Kinder fördern, darf das Bastelobjekt nicht genau vorgegeben sein, damit es die Kinder nach eigener Fantasie gestalten können.

Soll hingegen ein Weihnachtsgeschenk entstehen, ist es zum Schutz des kindlichen Selbstbewusstseins angebracht, wenn die Kinder nach vorgegebenem Muster arbeiten. Bei Geschenken für die Eltern müssen wir darauf achten, dass es hübsch aussieht. Leider erlebte ich schon einige Male, dass Eltern selbständig gebastelte Geschenke, die nicht perfekt aussahen, vor den Augen ihrer Kinder in den Abfalleimer warfen. Das ist für das Kind absolut schrecklich und ein hässlicher Dämpfer für sein Selbstvertrauen. Darum bin ich bei Geschenken zu gestalterischen Kompromissen bereit. Hier hat das Kind schlussendlich mehr

Gewinn, wenn es mit der Freude der Eltern belohnt wird, auch wenn das Gebastelte durch wenig Eigenkreativität entstanden ist.

Generell finde ich, dass wir Bastelaktivitäten nur ausnahmsweise mit der ganzen Gruppe durchführen sollten. Ein solcher Grund wäre das erwähnte Weihnachtsgeschenk, welches die Kinder mit unserer Unterstützung nach einer Vorlage basteln. Da ist es durchaus sinnvoll, zur Einführung der Bastelarbeit eine gemeinsame Aktivität zu planen.

Eine weitere Möglichkeit ist es, miteinander eine Collage zum aktuellen Thema zu gestalten. Dann heißt die Aktivität «Gestalterische Gruppenarbeit».

Sonst aber plädiere ich für Bastelangebote im Freispiel, welche die Neugier und Experimentierlust der Kinder ansprechen. Dabei stelle ich ihnen in einer Überleitung zum Freispiel kurz ein neues Bastelmaterial vor und gebe vielleicht auch einmal das Thema, zum Beispiel das Basteln eine Raupe oder eines Schmetterlings, nicht aber den Weg dorthin vor. Bei einem freiwilligen Angebot können die Kinder selber entscheiden, ob sie innerhalb des Freispiels der nächsten Tage nach eigener Fantasie eine Raupe mit dem bereitgestellten Material basteln wollen. Wenn ein Kind unsere Hilfe wünscht, können wir es bei seiner Arbeit ermutigen und auch einige hilfreiche Tipps geben. Das Basteln aber bleibt freiwillig und der Bastelprozess wird für das Kind wichtiger als das fertige Bastelprodukt. Wir freuen uns über alle Ergebnisse und benützen die entstandenen Werke, selbst undefinierbare graue Gebilde, als Zimmerdekoration.

### 29. Kochen und Backen

Auch dies ist eine beliebte Aktivität. Wie auch beim Basteln achten wir darauf, den Kindern genug Bewegung zu ermöglichen. Da dies weder beim Kochen noch während dem Backen gelingt, gestalten wir die Einstimmung und den Ausklang mit viel Bewegung. Unsere Themafigur ist natürlich auch ein Schleckmaul, streckt zur Freude der Kinder überall die Nase hinein und will von den feinen Sachen naschen.

Im Hauptteil erhalten alle Kinder die Möglichkeit, eine nützliche Arbeit zu machen. Jedes Kind soll sich innerhalb des Prozesses als wichtig erleben können. Wir teilen die Arbeit so auf, dass die Kinder entsprechend ihren Fertigkeiten daran beteiligt werden. Ein geschicktes Kind darf mit dem Messer umgehen, ein anderes rührt den Teig oder füllt Lebensmittel in die Schüssel.

Und natürlich beobachten wir alle immer wieder gespannt den Koch- oder Backvorgang, bevor wir das Endergebnis gemeinsam essen.

### 30. Ausflüge und Besuche

Auf Ausflüge oder Besuche innerhalb des Themas werden die Kinder vorher gut vorbereitet. Die Kinder sollen das, was sie während des Themas gelernt haben, mit der Realität außerhalb unserer Institution in Einklang bringen können. Im Gehirn kann sich so das neu erworbene Wissen besser vernetzen. Wenn wir also einen Ausflug zum Brennnesselfeld am Waldrand unternehmen, erfahren sie, dass die Raupen, welche sie bis jetzt nur im Bilderbuch und als Themafigur kennen gelernt haben, tatsächlich leben, kriechen und Löcher in die Blätter fressen.

Ausflüge müssen sorgfältig geplant werden.
Die Anzahl Begleitpersonen, Sicherheitsüberlegungen, benötigte Verkehrsmittel, Fahrzeiten, Billette, Eintrittspreise, Dauer des Ausfluges und der Ausflugs-

rucksack mit Verpflegung, Apotheke, Sonnencreme, Taschentücher, für Kinderkrippen und Spielgruppen eventuell auch Windeln, Nuggis und Schoppen, sind alles Dinge, die bei der Planung berücksichtigt werden müssen.

Kennt niemand den Ort des Ausfluges persönlich, ist es von Vorteil, wenn eine Erzieherin vorher dorthin geht, um zu rekognoszieren. So weiß man, welcher Weg hinführt, wie es dort aussieht und ob das Umfeld für kleine Kinder wirklich geeignet  ist. Wollen wir Raupen beobachten, muss es am Ziel auch wirklich Raupen geben.

Nach dem Ausflug werden wir zu Hause mit den Kindern nochmals über die Erlebnisse reden und vielleicht am nächsten Tag dazu eine Aktivität wie «Spiele zum Thema» oder «Erlebnisturnen» machen.

### 31. Feste feiern

Es ist für die Kinder immer wieder ein Höhepunkt, wenn wir während oder auch als Abschluss eines Themas miteinander ein Fest feiern. Hin und wieder organisieren wir ein gemeinsames Fest für Kinder und Eltern, im Allgemeinen aber nur für unsere Kindergruppe. In einer Kinderkrippe mit meist nur teilzeitlich anwesenden Kindern ist es wichtig, alle Kinder zu diesem Fest einzuladen.

Für das Fest beziehen wir die Kinder in die Festvorbereitungen mit ein. Was wollen wir an unserem Fest machen? Kennt ihr lustige Spiele, die dazu passen, oder wisst ihr etwas Gutes zum Essen? Wollen wir uns verkleiden und schminken und auch den Raum dekorieren?

Wo immer möglich, sollen die Kinder aktiv bei den Vorbereitungen mithelfen. Auch passendes Material von zu Hause ist natürlich willkommen.

Als Abschluss unseres Themas «Von der Raupe zum Schmetterling» wollen wir miteinander ein Schmetterlingsfest organisieren. Natürlich möchten sich die Kinder verkleiden und schminken. Fürs Festmahl werden wir feine Fruchttörtchen und Honigkuchen backen und zum Trinken gibt's Nektar. Als Dekoration hängen wir Blumengirlanden auf und auch den Esstisch schmücken wir mit Blumen und Rosenblättern. Schmetterlingstanzspiele und eine Schmetterlingspolonaise durch alle Räume, aber auch Farben- und Blumenspiele unterhalten uns während des Festes.

Das Fest dauert mit dem Essen etwa 1 bis 1,5 Stunden. Und natürlich darf die Themafigur dabei nicht fehlen. Ein solches Fest lohnt sich immer. Es macht allen Spaß, schon die Vorfreude der Kinder ist groß und die Aufregung dementsprechend. Das Erlebnis unterstützt die emotionale Entwicklung der Kinder und kann in kleinerem oder größerem Rahmen in jedes Thema eingebaut werden.

Das Fest als Elternveranstaltung braucht eine sorgfältigere Vorbereitung und eine längerfristige Planung, siehe Kapitel 6.5. Elternaktivitäten müssen immer frühzeitig angekündigt werden, damit sich die Eltern den Nachmittag oder Abend freihalten können.

## 5.10  Die Methode der Kindergruppe anpassen

Alle Erwachsenen, welche kleine Kinder betreuen und sie bei ihrer Entwicklung aufmerksam begleiten, wissen um die großen Unterschiede bei Fertigkeiten und Fähigkeiten, welche unter Gleichaltrigen zu beobachten sind. Die Forschungen von Neurologen und  Entwicklungspsychologen zeigen, dass Entwicklung etwas ganz Persönliches ist. Je nach genetisch bedingter Gewichtung kann der gleiche Lernprozess bei einem Kind kurz, bei einem andern hingegen lang dauern. Man weiß auch, dass jedes Kind schon früh Stärken und Talente hat und auf diesen Gebieten freudiger und demnach auch schneller lernt und sich entwickelt. Entwicklungstabellen können deshalb nur grobe Richtlinien für uns Erziehenden sein und sind keine absoluten Gradmesser gesunden Wachstums.
Wer allerdings unsicher ist, ob sich das Kind in einem normalen Rhythmus entwickelt, sollte lieber eine Fachperson dazu befragen. Es ist wichtig, dass Störungen frühzeitig erkannt und therapiert werden. Es würde aber den Rahmen dieses Buches sprengen, auf Störungen und deren Erkennung genauer einzugehen. Es sind schon zahlreiche Bücher zu diesem Thema geschrieben worden. Den Verdacht auf eine Entwicklungsstörung sollte man aber immer mit einer kompetenten Person diskutieren und nicht selber zu therapieren suchen.

Wenn wir also von normalen Entwicklungsunterschieden ausgehen, werden wir schon innerhalb eines Jahrganges bei Kindern große individuelle Abweichungen feststellen.
In allen Vorschulinstitutionen wird fast immer mit altersheterogenen Kindergruppen gearbeitet. Für unsere pädagogische Arbeit bedeutet das eine nicht zu

unterschätzende Herausforderung. Je größer der Altersunterschied ist, desto vielfältiger sind auch die Bedürfnisse und Interessen der Kinder in der Gruppe. Unsere Ziele können dann unmöglich von allen Kindern gleichzeitig erreicht werden und es ist wichtig, unsere Erwartungen zu überprüfen und anzupassen.

Was ist zu tun? Planen wir eine Aktivität mit der gesamten Kindergruppe, formulieren wir für die Großen anspruchsvollere Ziele als für die Kleinen.

Dazu zwei Beispiele: Die Kinder sollen lernen, wovon sich unsere Raupe ernährt. Die größeren Kinder können beschreiben, dass sie Brennnesselblätter frisst. Bei den Kleinen genügt es uns, wenn sie erzählen, dass die Raupe Blätter frisst.

Wenn wir hingegen die Aktivität «Legespiel mit verschiedenfarbigen Papierraupen» planen, möchten wir vielleicht, dass alle Kinder die Raupen der Farbe nach sortieren können. Zusätzlich sollen die Größeren während des Legespiels die Muster richtig nachlegen.

Gerade diese Aktivität eignet sich besonders gut dazu, den Schwierigkeitsgrad dem Entwicklungsstand der Kinder optimal anzupassen. Wenn es für die einen Kinder zu schwierig wird, beginnen sie möglicherweise, mit dem Legematerial individuell zu spielen, während die andern die Herausforderung gerne annehmen. Danach initiieren wir wieder ein Spiel, bei welchem alle Kinder gleichermaßen mit Freude dabei sein können, beispielsweise allein oder zu zweit eigene Muster zu erfinden. Und natürlich können wir mit Bewegungen meistens auch alle Kinder zum Mitmachen motivieren.

Es ist die «Hohe Schule» der pädagogischen Arbeit, mit einer sehr altersdurchmischten Kindergruppe gemeinsam Aktivitäten durchzuführen. Damit werden besonders Erzieherinnen in Kinderkrippen konfrontiert, die Kinder mit Altersunterschieden bis zu vier Jahren betreuen. Trotzdem ist es auch dort wertvoll, jeden Tag mit der ganzen Kindergruppe eine gemeinsame Aktivität zum Thema zu gestalten.

Als Alternative wird oft vorgeschlagen, die Kinder in kleine, altershomogene Gruppen einzuteilen und so gezielter anzusprechen. Grundsätzlich spricht dagegen wenig, außer Folgendes: Mit einer Aktivität für die Gesamtgruppe fördern wir in besonderem Maße soziale Kompetenzen. Die Kleinen können viel von den Großen lernen und diese wiederum erleben sich bei einigen Spielen als kompetenter, entwickeln aber auch Rücksichtnahme und Toleranz. Das sind nur einige der vielen Lernmöglichkeiten innerhalb gemeinsamer Aktivitäten mit der Gesamtgruppe.

Es kann durchaus sinnvoll oder auch notwendig sein, ganz gezielt etwas Besonderes nur für die Großen zu organisieren oder dementsprechend dann auch für die Kleinen. Aber generell ist es bestimmt realistischer, wenn wir davon ausgehen, pro Tag eine Aktivität mit der Gesamtgruppe durchzuführen, und dabei auf das unterschiedliche Entwicklungstempo innerhalb der Gruppe Rücksicht zu nehmen, als täglich mehrere Aktivitäten für verschiedene Altersstufen zu planen.

Ich beendete meine mehrjährige Arbeit als Kindergärtnerin kurz vor der Geburt unserer ersten Tochter. Nach einer Mutterschaftspause wandte ich mich zuerst der Rhythmik und Spielgruppenarbeit zu und begann danach, in Kinderkrippen zu arbeiten.

In schweizerischen Kindertagesstätten ist die Altersdurchmischung wegen der späten Einschulung viel größer als in den meisten andern Ländern. Am Anfang konnte ich mir als Kindergärtnerin nicht vorstellen, wie ich die verschiedenen Bedürfnisse der stark altersgemischten Kindergruppe unter einen Hut bringen könnte. Doch schon bald merkte ich, dass mit einer sorgfältigen, aber offenen Planung und einer flexiblen, einfühlsamen Umsetzung alle Kinder während der gemeinsamen Aktivität profitieren konnten. Für die individuelle Förderung blieb während des Rests des Tages genug Zeit.

Mit einer methodischen Vielfalt und abgestuften Feinzielformulierungen gelang es mir, die Kinder immer wieder herauszufordern, ohne zu überfordern. Dazu gehörte auch die eigene Haltung, dass kein Kind in der Krippe und Spielgruppe zu irgendetwas gezwungen wird. Damit ist es einem Kind erlaubt, sich von der Aktivität zu entfernen und an einem andern Ort zu spielen. Vielleicht gelingt es bei einem andern Teil der Aktivität, dieses Kind nochmals zum Mitmachen zu motivieren. In der Krippe wird die Aktivität meistens von einer zweiten Erzieherin begleitet. Sie kann jederzeit bei Bedarf mit den ganz Kleinen oder Uninteressierten den Raum verlassen.

Die Praxis lehrte mich, dass alles, was mit Bewegung und Wahrnehmung zu tun hat, bestens für jede Kindergruppe geeignet ist. Die bei den Methoden immer wieder erwähnte Formel «Bewegung – Ruhe – Bewegung» hat sich wirklich bewährt. Wenn wir uns die Funktionsweise des Gehirns vergegenwärtigen, wissen wir auch warum. Das Gehirn lernt am besten über die Sinne und die Bewegung. In jungen Jahren kann es sich aber noch nicht lange auf etwas konzentrieren. Bei der genannten Formel bedeutet «Ruhe» meistens denjenigen Teil während der Aktivität, in welchem die Kinder kognitiv lernen. Sie hören zu, schauen ein Bild an, erzählen etwas dazu, lernen Namen, Farben oder einen Vers und legen Muster nach. «Bewegung» hingegen bedeutet für das Gehirn in gewissem Sinn eine Pause, weil das Kind sich mit etwas ganz anderem beschäftigt. Es tanzt, springt und kriecht durch den Raum und kann so auch seinen enormen Bewegungsdrang ausleben.

### Methodische Vorschläge für Aktivitäten mit verschiedenen Altersgruppen

- Altersgemischte Kindergruppe mit etwa vier Jahrgängen:
  Lernziele mit unterschiedlichen Schwierigkeitsgraden formulieren und dazu entsprechende Methoden suchen.
  Das Niveau eher den älteren Kindern anpassen, da sie schneller unterfordert sind. Aber auch immer Spiele für die Kleinen einplanen und genug grobmotorische Bewegung einflechten, bei welcher alle Kinder mit Begeisterung mitmachen können.

- Vorschulkinder im Kindergarten:
  Auch hier gelten die oben genannten Vorschläge. Allerdings kann mit Kinder-
  gartenkindern länger und anspruchsvoller gearbeitet werden, da keine Babys
  und Kleinkinder dabei sind.
  Nebst Wahrnehmungs- und Bewegungsspielen können vermehrt auch Denk-
  spiele und schwierigere soziale Übungen eingebaut werden.
  Gruppenarbeiten, kleine Projektarbeiten, neues Wissen erarbeiten, Problem-
  lösestrategien finden und zielgerichtet arbeiten sind einige der Methoden, die
  im Kindergarten große Bedeutung haben. Erweiterte Lehr- und Lernformen wie
  der Werkstattunterricht haben sich schon lange auf der Vorschulstufe etabliert.
  Interessierten empfehle ich dazu das Lehrbuch «Kindergarten», C. Walter /
  K. Fasseing, ProKiga, 2002.

- Babygruppe mit Kindern im Alter zwischen 2 und 18 Monaten:
  Es gibt unzählige Möglichkeiten, Babys jeden Tag herauszufordern und sie
  unsere Welt erleben zu lassen. Natürlich können sie sich nicht in ein Thema einfühlen. In der Babygruppe ist ein Thema Hilfe und Anregung für die Erzieherin beim Auswählen von Angeboten, Aktivitäten und Dekorationen.
  Anregend für Babys sind alle Sinnes-, Bewegungs- und Sprechspiele bei liebe-
  voller Zuwendung durch die Bezugsperson.
  Abwechslung ist genauso wichtig wie das Erkennen von Vertrautem. Hier die
  Balance zwischen Neuangeboten und Wiederholungen finden. Das individuelle
  Entwicklungstempo der Babys bestimmt die Art der Angebote, und da die Unterschiede riesig sind, müssen Erzieherinnen die Babys in kleinen Gruppen oder
  einzeln fördern. Dazu ist eine ruhige und entspannte Atmosphäre ganz wichtig.

- Kleinkindergruppe im Alter zwischen 18 Monaten und 3 Jahren
  Grundsätzlich sollen Aktivitäten bei dieser Altersgruppe kurz, bewegt und sinn-
  lich aufgebaut werden und immer auch die Möglichkeit zum Experimentieren
  beinhalten. Mit ansprechendem und auch ungewöhnlichem Material arbeiten,
  die Kinder selber ausprobieren lassen und Spiele wie das Ausräumen / Einräu-
  men, Zuordnen, senkrechtes und waagrechtes Bauen usw. anbieten.

  Auf allen Altersstufen im Vorschulalter ist es wichtig, die Kinder während
der Aktivität nie lange ruhig sitzen zu lassen, sondern immer wieder vielfältige
Bewegungen zu ermöglichen und sie zu motivieren, selber aktiv zu werden. Eine
Themafigur fasziniert alle Kinder von der Geburt bis zum Kindergarten.

**Geführte Aktivitäten der aktuellen Stimmung der Gruppe anpassen**

Grundsätzlich gilt die Regel, dass wir unsere Ideen nicht um jeden Preis durchziehen. Vor 40 oder 50 Jahren hatte man noch andere Vorstellungen von Förderung, da herrschten oft Zucht, Ordnung und Zwang. Heute hingegen beobachten wir die Kindergruppe auch während der Aktivität aufmerksam und versuchen, auf Bedürfnisse im Rahmen des Möglichen einzugehen. So kann es durchaus sein, dass wir unsere Ideen zugunsten derjenigen der Kinder auf später verschieben und spontan die gesamte oder einen Teil der Aktivität umstellen.

Ist beispielsweise Schneefall im Anzug, sind die Kinder oft auffallend unruhig. Auch da kann es sein, dass wir unsere Planung sofort den aktuellen Umständen anpassen müssen. Vielleicht gehen wir lieber in den Turnraum oder machen einige Spiele im Garten.

Die geführte Aktivität wird zwar von der Erzieherin im Voraus sorgfältig geplant, aber in der Umsetzung auch von der Kindergruppe mitgeprägt. Damit die Aktivität ein gemeinsames Erlebnis wird, müssen wir Erwachsenen flexibel auf die kindlichen Interessen und Bedürfnisse eingehen, uns in die Spiel- und Fantasiewelt der Kinder einfühlen und lernen, wirklich mitzuspielen. So wird unser momentanes Thema für alle zu einem spannenden Ereignis.

## 5.11  Kinder mit besonderen Bedürfnissen in unserer Gruppe

Da die Kinder von geführten Aktivitäten nur dann profitieren können, wenn diese in einem geordneten Rahmen stattfinden, ist es wichtig, einige Regeln einzuführen.

Dazu gehört zum Beispiel, dass die Kinder lernen, nach jedem Spiel wieder in den Kreis zu kommen, sich gegenseitig und auch der Erzieherin zuzuhören oder nicht mit Blödeleien zu stören.

Jede Erzieherin erlebt in ihrem Arbeitsalltag jedoch auch Kinder, die verhaltensauffällig sind. Wenn solche Kinder in der Gruppe während der Aktivität stören, muss man, auch zum Wohle der andern, geeignete Maßnahmen ergreifen. Und da ist guter Rat oft teuer. An dieser Stelle kann ich natürlich nicht differenziert auf einzelne Fälle eingehen, da jeder speziell geartet ist und deshalb auch individuell betrachtet werden muss. Oft hilft es, sich mit anderen Erzieherinnen oder Fachpersonen darüber auszutauschen.

Ich möchte aber doch zu einem Beispiel meine Gedanken festhalten: Wenn ein Kind wirklich ausrastet, trotzt und schreit und überhaupt nicht mehr vernünftig ansprechbar ist, hilft es ihm manchmal, wenn man es ruhig, aber bestimmt aus der Gruppe nimmt und in einen andern Raum oder Raumteil bringt, wo es sich wieder beruhigen kann. Sind mehrere Erzieherinnen anwesend, wird gerade bei jüngeren Kindern eine Begleitung sinnvoll sein. Sie soll aber nicht mit dem Kind spielen, sondern einfach nur da sein oder sich mit etwas anderem beschäftigen.

Eine solche «Auszeit» dauert in der Regel so viele Minuten, wie das Kind alt ist, bei einem Vierjährigen also etwa vier Minuten.

Danach darf das Kind, wenn es sich beruhigt hat, jederzeit wieder zurückkommen und mitmachen oder auch für sich allein spielen. Und manchmal ist es auch nötig, das aufgewühlte Kind einfach nur in die Arme zu nehmen und ihm damit zu zeigen, dass wir es trotzdem gern haben.

Wie immer wir auch handeln, das Wichtigste dabei ist unsere Klarheit und Konsequenz. Und Taten, nebst der «Auszeit» zum Beispiel auch in Form von «Logischen Folgen», sind immer vielem Reden vorzuziehen. In diesem Zusammenhang möchte ich auf folgende Fachbücher hinweisen: «Jedes Kind kann Regeln lernen», von A. Kast-Zahn, ObersteBrink, 2005, und «Kinder fordern uns heraus», von R. Dreikurs / V. Soltz, Klett-Cotta, 2006.

Kinder mit besonderen Bedürfnissen verlangen und erzwingen unsere spezielle Aufmerksamkeit. Während des Freispiels oder im Alltag können wir bestimmt gezielter darauf reagieren als während der Aktivität. Hier wird die ganze Gruppe in Mitleidenschaft gezogen, weshalb wir ein sehr störendes Verhalten in diesem Moment nicht dulden können.

Das ist oft schneller gesagt als getan. Die Erzieherin wird sich in Sekundenschnelle folgende Fragen stellen müssen:

• In welchem Maße kann ich dem Bedürfnis dieses Kindes jetzt entgegenkommen?
• Kann ich das Kind mit einem Angebot zum Einlenken bewegen?
• Wie bringe ich das Kind dazu, abgemachte Regeln einzuhalten?
• Welche pädagogischen Maßnahmen sind im Moment sinnvoll?
• Will ich das Verhalten des Kindes thematisieren?
• Was will in dieser Situation die Gruppe?
• In welchem Maße nehme ich die Interessen der Gruppe wahr?

In kurzer Zeit muss sich die Erzieherin für einen Weg entscheiden. In der Reflexion nach der Aktivität kann sie ihr Handeln überdenken und erkennt, ob die gewählte Lösung hilfreich war oder nicht.

## 5.12  Teilzeitliche Anwesenheit der Kinder in Kinderkrippen

Seit etwa zehn Jahren melden Kinderkrippen, dass Eltern ihre Kinder vermehrt nur noch teilzeitlich familienergänzend betreuen lassen. Dieser Trend hat sich weiter verstärkt und heute finden wir kaum noch Kinder, die während der ganzen Woche eine Kindertagesstätte besuchen. Das hat zur Folge, dass Erzieherinnen täglich wechselnde Kindergruppen in ihrer Obhut haben.

Die sich wandelnden Bedürfnisse der Eltern haben nachhaltige Folgen für die Betreuung der Kinder. Seit Jahren stelle ich fest, dass viele Erzieherinnen, aber auch Lehrbeauftragte in Berufsschulen verunsichert sind, wie unter den neuen Bedingungen mit den Kindern gearbeitet werden kann. Diese Unsicherheit zeigt sich vor allem bei der Umsetzung von geführten Aktivitäten und dem Erarbeiten von langen Themen. Viele Gruppenleiterinnen erzählen mir, dass sie meist nur sporadisch eine Aktivität durchführten und diese auch oft spontan organisierten. Dabei würden vor allem die größeren Kinder zum Zug kommen, da es schwierig sei, die Kleinen mit einzubeziehen.

Vier Gründe werden immer wieder genannt, welche sie davon abhalten, regelmäßig und themenorientiert zu arbeiten:

• Die täglich wechselnde Zusammensetzung der Kindergruppen.
• Die große Altersdurchmischung.
• Mangel an Zeit für die Vorbereitung.
• Mangel an geeigneten methodischen Ideen.

Aus eigener Erfahrung kann ich bestätigen, dass das Arbeiten mit wechselnder Gruppenzusammensetzung wie auch mit teilzeitlich anwesenden Kindern eine pädagogische Knacknuss ist. Es gibt aber durchaus befriedigende Lösungen und dabei sind natürlich die Kinder unser Gradmesser.

• Das Konzept «Themenorientiertes Arbeiten» hilft bei diesem Problem insofern, da ein Thema die Gruppe über längere Zeit beschäftigt. Kinder, welche nur ein- oder zweimal pro Woche in die Krippe kommen, haben dadurch trotzdem die

Möglichkeit, sich ins Thema zu vertiefen. Zudem wissen sie schon daheim, womit man sich in der Krippe speziell beschäftigt und welche Themafigur im Zentrum steht. Somit gelingt es besser, diese Kinder nach ihrer tagelangen Abwesenheit rasch wieder in den Krippentag zu integrieren.

• Wie man mit altersgemischten Kindergruppen methodisch sinnvoll arbeiten kann, habe ich im vorangegangenen Kapitel kurz beschrieben. Ich empfehle, die Aktivität mit allen Kindern zu beginnen und wenn sich die Kleinsten später nicht mehr für das Geschehen interessieren, kann eine zweite Betreuerin mit ihnen den Raum wechseln. Auch Babys freuen sich, wenn sie dabei sein dürfen, solange sie munter und aufnahmefähig sind.

• Wenn wir die Wochenplanung vornehmen, dürfen wir nie die Erwartung haben, dass jedes Kind alle unsere Spielideen kennen lernt. Viele Kinder sind ja nur teilzeitlich in der Krippe anwesend und bei solchen Ansprüchen müssten wir jede Aktivität mehrmals durchführen.
Es gibt eigentlich nur wenige geführte Aktivitäten, die eine Wiederholung rechtfertigen. Eine davon ist das Erzählen des Bilderbuches. Es ist eine wichtige Regel des themenorientierten Arbeitens, dass alle Kinder die aktuellen Bilderbuchseiten kennen. Darum kann man das Bilderbuch in der gleichen Woche auch zweimal erzählen. Sind jedoch Kinder anwesend, welche schon beim ersten Mal dabei waren, sollte man wenigstens die Auswertung der erzählten Bilder auf eine andere Art gestalten. Im weiteren Verlauf der Woche werden die noch unbekannten Buchseiten neuen Kindern vor der Aktivität individuell erzählt, sodass immer alle auf dem Laufenden sind und nachvollziehen können, worauf sich unsere anderen Aktivitäten beziehen.

• Auch bei der Einführung der neuen Themafigur können wir ähnlich vorgehen. Manchmal ist es sinnvoll, diese Aktivität mehr als einmal zu gestalten. Danach hat es sich bewährt, die Themafigur jenen Kindern, welche sie noch nicht kennen, separat vorzustellen.

Sollten wir die gleiche Aktivität mehrmals durchführen, sind Kinder ab drei Jahren, die einige Male pro Woche in die Krippe kommen, schnell einmal unterfordert und beginnen vielleicht zu stören. Aber auch uns Erzieherinnen wird es dabei langweilig und langfristig sind wir bestimmt nicht mit unserer Arbeit zufrieden. Nur vordergründig ist es von Vorteil, mit solch einer Arbeitsweise Zeit sparen zu wollen. Langeweile und Unlust sind längerfristig absolute Motivationskiller für jede Tätigkeit.

Ich gebe zu, dass gerade für Berufsanfängerinnen oder bei der Neueinführung des themenorientierten Arbeitens das Formulieren der Ziele und das Suchen und Zusammenstellen der passenden Methoden zeitraubend ist. Doch wir alle wissen nun ja, wie unser Gehirn lernt: Übung macht den Meister! Je öfter wir uns mit derselben Materie beschäftigen, desto schneller kann das Gehirn reagieren und uns handeln lassen.

Ich möchte alle dazu ermutigen, am Anfang genug Durchhaltewillen aufzubringen und sich allenfalls mit andern auszutauschen, denn es kommen bestimmt bessere Zeiten. Und die größte Belohnung für uns sind die strahlenden Kinder, welche jeden Tag voller Freude bei unseren Spielen mitmachen, die Themafigur heiß lieben und oft auch im Freispiel angeregter und kreativer spielen.

Viele Erzieherinnen erzählen mir genau das und sind überzeugt, dank des themenorientierten Arbeitens endlich den richtigen Weg für ihren pädagogischen Alltag mit den Kindern gefunden zu haben.

## 5.13 Räume fantasievoll nutzen

Räume beeinflussen unseren Alltag, ermöglichen oder verhindern die Umsetzung von Ideen und widerspiegeln durch ihre Einrichtung den Charakter der Bewohner.

Räume müssen in Besitz genommen werden. Wenn wir themenorientiert arbeiten, wird das aktuelle Thema die Raumgestaltung beeinflussen und einen fantasievollen Rahmen bilden. Am Ende eines lang dauernden Themas werden die Dekorationen und speziellen Einrichtungen entfernt, um für etwas Neues Platz und Luft zu schaffen.

Für unsere geführten Aktivitäten, welche wir ja immer mit vielen Bewegungsanregungen gestalten, brauchen wir Platz. Was heißt das konkret?

Es bedeutet, dass wir im Raum mit der Kindergruppe einen Kreis bilden können und rundherum noch so viel freier Platz bleibt, dass sich alle miteinander tanzend, hüpfend oder kriechend darin bewegen können. Im Kindergarten wird das nie ein Problem sein, in Krippen oder in der Spielgruppe hingegen muss von Fall zu Fall entschieden werden. Auch einen kleinen Raum kann man so einrichten, dass er mit ein paar Handgriffen leer geräumt ist. Wenn mehrere kleine Räume zur Verfügung stehen, gestalten wir einen davon so, dass wir darin viel Platz haben für die Aktivität. Als Mehrzweckraum dient er danach im Freispiel vielleicht zum Bauen, Bewegen, für Rollenspiele und über Mittag zum Schlafen. Kinder lieben Räume, welche mit nur wenig Mobiliar ausgestattet sind und die man beim Spielen selber gestalten kann. Sie müssen allerdings wissen, dass spätestens am nächsten Vormittag alles wieder aufgeräumt werden muss, damit die Aktivität dort stattfinden kann.

Mit Kreativität und Einfallsreichtum kann in jeder Institution irgendwo genug Platz für die täglich geführte Aktivität geschaffen werden, auch wenn das auf den ersten Blick völlig unmöglich erscheint.

Lassen wir uns also durch die Räume, die uns zur Verfügung stehen nicht einschränken, sondern herausfordern und inspirieren.

# 6. Durchführung des gewählten Themas

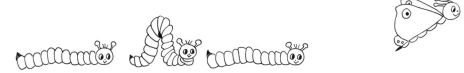

Wir haben uns nun schon viele Gedanken über das neue Thema «Von der Raupe zum Schmetterling» gemacht und können demnächst damit beginnen, die Wochen genauer einzuteilen und mit unseren Ideen für Aktivitäten und andere pädagogische Angebote zu füllen. Eine offene Planung lässt dann aber immer auch Richtungswechsel oder neue Gewichtungen zu, falls es die Umstände erfordern. Dabei sind die aktuellen Interessen und Bedürfnisse der Kinder, welche sich vielleicht im Verlauf des Themas neu herauskristallisieren, für die Erziehenden von zentraler Bedeutung.

## 6.1   Die Eltern übers neue Thema informieren

Wenn wir mit den Kindern ins neue Thema einsteigen, informieren wir die Eltern über unsere Pläne. Wie bereits in Kapitel 5.3 «Ideensammlung für das neue Thema» beschrieben, eignet sich dazu ein Informationsbrief oder auch ein Infoplakat.

Um die Eltern auch im Verlaufe des Themas immer wieder für unsere speziellen, themenorientierten Aktivitäten und Angebote zu interessieren, braucht es von unserer Seite allerdings oft Gelassenheit und Ausdauer. Aufforderungscharakter an die Adresse der Eltern haben zum Beispiel abgegebene Liederkopien, in Kitas auch ein schön gestalteter Wochenplan, die Bitte um Mithilfe beim Sammeln von Bastelmaterial, aber auch so genannte Tür- und Angelgespräche, während denen wir die Eltern auf die aktuellen Aktivitäten aufmerksam machen. Den gleichen Zweck erfüllen auch Einladungen in unsere Institution.

Es wäre aber ungerecht, wenn wir unser Augenmerk nur auf Eltern richteten, die wenig Interesse für unsere Arbeit zeigen. Denn in jeder Kindergruppe gibt es Eltern, die begeistert sind von dem, was wir mit den Kindern planen und umsetzen, und uns dies auch immer wieder zu verstehen geben. Gerade diese Eltern verdienen es, reichlich Informationen über unser neues oder laufendes Thema zu erhalten.

Generell gilt, dass sich das Kind in jeder Institution wohler fühlt und aufnahmefähiger ist, wenn es spürt, dass seine Eltern ehrlich daran interessiert sind, was es dort alles erlebt und macht. Darum muss es in unserem Interesse sein, die Eltern regelmäßig über unsere Arbeit zu informieren.

## 6.2   Einbezug der Kinder bei der Planung des Themas

In einer Art Kinderkonferenz setzen wir uns zusammen und wollen von den Kindern wissen, ob sie Ideen und Wünsche für das neue Thema «Von der Raupe zum Schmetterling» haben. Wir müssen uns aber bewusst sein, dass sich Kinder im Kindergartenalter bei solchen Gesprächen am ehesten einbringen können. Jüngere sind damit hingegen oft überfordert, was nicht heißt, dass sie nicht auch dabei sein dürfen. Reife hat ja nicht unbedingt etwas mit dem Alter zu tun, sondern mit dem Entwicklungsstand des Einzelnen.

Während der Runde werden die Ideen der Kinder aufgeschrieben oder von ihnen gezeichnet. Dann überlegen wir gemeinsam, was wir davon in die Planung aufnehmen wollen, was weniger dazu passt oder die anderen Kinder zu wenig interessiert. Möglicherweise stimmen wir über den einen  oder anderen Vorschlag ab – eine erste Übung in Demokratie. Nach der Kinderkonferenz brauchen die Kinder Bewegung, wenn möglich themenbezogen.

Die Erzieherin muss ihrerseits aber noch nicht alle Überraschungen, die sie geplant hat, offen legen. Sie kann vielleicht in groben Zügen die Schwerpunkte aufzeigen und so die Kinder animieren, dazu eigene Ideen zu entwickeln. Vielleicht macht ein Kind den Vorschlag, ein Terrarium anzuschaffen, um darin Raupen zu beobachten. Ein anderes will sich als Raupe und Schmetterling verkleiden können und ein drittes möchte Bücher über Raupen in der Bibliothek holen.

Im Verlaufe des Themas sollten immer wieder solche Zusammenkünfte geplant werden, damit die Erwachsenen gezielt auf die Interessen der Kinder eingehen können.

## 6.3   Spielideen finden

Für die Kinder ist es hilfreich, wenn wir mit einer Geschichte oder Bilderbüchern arbeiten. Es gibt zum Thema Raupe und Schmetterling einiges auf dem Markt, was sich eignet.

Bevor wir ins Thema einsteigen, teilen wir das gewählte Buch in Abschnitte ein und überlegen uns, mit welchen Aktivitäten und Angeboten wir diese Teile auswerten und vertiefen könnten.

Jedes Bild im Buch gibt uns viele Hinweise auf mögliche Aktivitäten. Sehen wir darauf eine grüne Raupe, welche auf einem Blatt sitzt und in dieses Löcher frisst, könnten wir zum Beispiel mit den Kindern eine Rhythmik mit Blättern machen, neues Wissen über die Raupe und ihre Lebensweise spielerisch vermitteln oder Experimente mit Naturmaterial veranstalten. Auch eine Aktivität über die Farbe Grün oder ein Kriechparcours wäre möglich. Wir sollten lernen, schon kleine Details aus dem Bild für unsere Angebote zu nützen. Wobei das nahe Liegende oft nachvollziehbarer ist als komplizierte Konstruktionen unsererseits.

Ich möchte alle ermutigen, als Übung einmal ein Bilderbuch in die Hand zu nehmen und sich zu jedem Bild mindestens vier dazu passende, ungefähr 30-minütige Aktivitäten zu überlegen. Dabei dürfen auch kleine Sachen wie der Stein am Boden (Spiele mit Steinen) oder die Sonne am Himmel (Rhythmisches Zeichnen zum Thema Sonne und Regen mit Kreis und Strichen) im Zentrum stehen.

## 6.4   Konkrete Aktivitäten zum Thema «Von der Raupe zum Schmetterling»

Meine nachfolgenden Vorschläge für Aktivitäten zum Thema «Von der Raupe zum Schmetterling» sind als *Modelle* zu verstehen.

Eine Erzieherin hat anhand dieser Modelle verschiedene Möglichkeiten.

Sie kann
- die Aktivitäten an die Interessen und Fähigkeiten ihrer Kindergruppe anpassen,
- diese Aktivitäten als solche mit ihrer Kindergruppe ausprobieren,
- nur einzelne Spiele daraus verwenden,
- anhand der Beispiele eigene Ideen entwickeln,
- die Spielvorschläge für ihre Themenschwerpunkte abwandeln,
- den Ablauf verkürzen,
- oder aus einer Aktivität auch zwei gestalten.

Sie muss allerdings darauf achten, dass trotz einer Änderung immer genug Bewegung ermöglicht wird.

Die Bildungsziele der nachfolgend notierten Aktivitäten sind für eine Gruppe mit großer Altersdurchmischung formuliert.

Jede Aktivität unterstützt dank ihrer Vielfalt die ganzheitliche Entwicklung der Kinder, setzt aber immer auch Akzente. Diese werden durch die Zielformulierung ersichtlich.

**Die Haltung der Erzieherin während der Aktivität prägt das Lernklima entscheidend.**
Sie sollte immer den Überblick über die gesamte Kindergruppe haben, kein Kind bevorzugen oder benachteiligen, einfühlsam auf die individuellen Bedürfnisse eingehen und wissen, welches Kind sie mit welchen Spielen besonders fördern und ansprechen kann. Es ist wichtig, mit Konsequenz auf die Einhaltung von sinnvollen und für die Kinder verständlichen Regeln zu achten. Jede Erzieherin sollte auch klar in ihren Anweisungen sein, positive Rückmeldungen geben, die Selbständigkeit unterstützen, die Ideen der Kinder einbeziehen und sich auch von den Kindern in eine andere als von ihr geplante Richtung leiten lassen. Nie darf jedoch ein Kind zu irgendetwas gezwungen werden.

Wenn die Erzieherin über eine spielerische Grundhaltung und kreative Fähigkeiten verfügt und selber motiviert und mit Freude bei der Sache ist, wird jede Aktivität allen Beteiligten viel Spaß machen. Die Kinder freuen sich täglich darauf, dass sich ein Erwachsener Zeit nimmt, um mit ihnen intensiv zu spielen.

Damit das Thema «Von der Raupe zum Schmetterling» umfassend erarbeitet werden kann, sind nebst meinen konkreten Vorschlägen noch weitere Aktivitäten notwendig. Nachfolgend also nur eine Auswahl von praktischen Beispielen.

### 6.4.1   Einführung der Themafigur

Richtziel: Emotionale Entwicklung unterstützen.

Grobziel: Rituale kennen lernen.

Feinziel:   Die Kinder nehmen Anteil an der neuen Themafigur

und freuen sich über ihren Besuch.

Sie nennen ihren Namen und erzählen, wer sie ist und was sie frisst.

Die Kleinen sagen den Namen der Themafigur.

Material:   Themafigur, Tücher, grüne Tücher, Tamburin/Flöte

### Aktivität

**Einstieg:**
- Im Kreis gemeinsam ein Begrüßungslied singen.
- Lied «Däweg stönd mir am Morge-n-uuf» mit Bewegungen singen: sich strecken, aufstehen, Hose anziehen usw.
- Im «Garten» spazieren, rennen, hüpfen zur Begleitung des Tamburins oder der Flöte.

**Hauptteil:**
- In einem andern Raum oder Raumteil liegen einige grüne Tücherhaufen. Das sind große Blätter. Die Kinder spazieren zuerst allein, dann zu zweit zum Tamburin oder zur Flötenmusik im Raum ohne anzustoßen.
- Nun dürfen die Kinder abwechslungsweise unter einem Blatt schauen, ob dort etwas versteckt ist. Ein Kind findet die Themafigur, welche aber in ein Ei (Tuch) verpackt ist. Dieses vorsichtig in den Kreis legen.
- Das Schlüpfen der Raupe beobachten: Die Eihülle bricht auf und heraus kommt eine Raupe, welche sofort geräuschvoll schmatzend die Eihülle frisst.
- Nun begrüßt die Raupe die Kinder etwas schüchtern. Die Erzieherin fragt nach ihrem Namen. Die Raupe nennt sich «Liz». Liz erzählt, dass sie am liebsten saftige, grüne Blätter frisst.
- Jedes Kind bekommt ein Blatt (grünes Tuch). Nun kriecht die Raupe von Kind zu Kind, begrüßt jedes persönlich und «frisst» etwas von seinem Blatt.
- Wie kriecht eine Raupe? Sie zieht sich dabei zusammen und streckt sich wieder. Die Erzieherin zeigt das mit Liz vor.

- Alle versuchen das Kriechen nachzuahmen.
- Blätter im Raum verteilen. Alle Kinder kriechen zum Rhythmus des Tamburins durchs Zimmer. Wenn es aufhört zu spielen, kriecht jedes rasch zu einem Blatt und beginnt zu fressen.
- Blätter wegräumen. Dasselbe Spiel, wenn das Tamburin diesmal aufhört, sucht jedes selber irgendetwas Grünes im Raum, kriecht dorthin und «knabbert» daran.
- Jeweils zwei Kinder kriechen wie Raupen hintereinander durch den Raum. Eines kriecht voraus, das andere hintennach. Abwechseln.

## Ausklang:
- Raupe Liz gefällt es hier. Sie fragt die Kinder, ob es hier wohl genug Blätter zum Fressen gebe und ob sie dann eine Weile bleiben dürfe? Nun sei sie aber so müde und müsse etwas schlafen.
- Alle Kinder halten sich am gleichen Tuch. Liz wird hineingelegt und zu einem Schlaflied sanft gewiegt.
- Wer weiß noch, was das für ein Tier ist, wie es heißt und was es am liebsten frisst?

## Überleitung ins Freispiel:
- Wer möchte, darf mithelfen, den Thema-Tisch für die Raupe zu gestalten. Dazu werden Tücher auf einem niedrigen Tisch drapiert und in eine Vase ein Blätterast gestellt. Wer will, darf Blätter aus Papier oder Moosgummi zum Hinlegen oder Aufhängen basteln.
  Die andern Kinder spielen dort, wo sie wollen.

## 6.4.2   Liedeinführung: Das Raupenlied

Richtziel: Das Gedächtnis und die Wahrnehmungsfähigkeit weiterentwickeln.

Grobziel: Vorgegebene Muster einprägen und wiedergeben sowie
die auditiven Fähigkeiten verfeinern.

Feinziel: Die Kinder können den Inhalt der ersten zwei Strophen des Liedes von der Raupe
erzählen und das Lied mitsingen. Die Kleinen machen die Geräusche mit.

Material: Themafigur, grüne Tücher, Flöte/Glockenspiel

---

### Aktivität

**Einstieg:**

- Morgenlied singen.
- Die Raupe Liz begrüßt die Kinder.
- Wie immer hat Liz Hunger. Was frisst sie? Und wie kriecht sie?
  Alle Kinder versuchen, zum Tamburin wie Liz zu kriechen.
- Zweiergruppen bilden. Ein Kind führt das andere als Raupe kriechend zu einem
  Blatt. Dazu etwas Grünes im Raum suchen. Beide Raupen «fressen» dort. Nun
  wird die Rolle getauscht. Die Erzieherin spielt dazu die Melodie des neuen Lie-
  des mit der Flöte oder dem Glockenspiel, allenfalls singt sie sie auch auf Lalala.

**Hauptteil:**

- Raupe Liz braucht viele grüne «Blätter» zum Fressen. Zur Melodie des neuen
  Liedes spazieren die Kinder durch den «Garten». Wenn die Musik fertig ist, sucht
  jedes Kind etwas Grünes als Blatt (Lego, Farbstift, Auto) und legt es im Kreis
  auf das Tuch. Mehrmals wiederholen.
- Alle sitzen um den «Blätterhaufen» im Kreis. Liz kommt gekrochen und erzählt
  den Inhalt des Textes der ersten Strophe. Dann beginnt sie schmatzend von den
  Blättern zu fressen. Im Takt schmatzen alle miteinander (siehe Notenblatt).
- Zweite Strophe wird von Liz erzählt, danach wieder fressen und im Takt
  schmatzen.
- Die Erzieherin spielt mit der Raupe den Inhalt der beiden Strophen nach und
  spricht dazu den Liedtext in Versform. Um die Raupe rasch größer und dicker
  erscheinen zu lassen, kann ein grünes Tuch um Liz gewickelt werden. Mehrmals
  wiederholen, die Kinder sollen mithelfen, den Liedtext aufzusagen.

- Dasselbe nochmals singend.
- Alle Kinder sind Raupen und stellen dar, was die Erzieherin singt. Zum Schluss schmatzen alle im Takt.
- Kinder in zwei Gruppen einteilen: Eine Gruppe spielt das kleine Räupchen, die andere die große Raupe. Nun wird das Lied nochmals gesungen. Bei der ersten Strophe kriechen und fressen nur die kleinen Räupchen, bei der zweiten nur die großen Raupen. Wiederholen nach Bedarf.

**Ausklang:**
- Im Kreis wird das Lied gesungen. Ein Kind darf mit Liz den Text darstellen. Abwechseln.

**Überleitung zum Freispiel:**
- Offenbar braucht es ganz viel Futter für die Raupe Liz, denn sie hat großen Hunger. Wer möchte während dem Spielen selber Blätter basteln? Dazu Papier, Scheren und grüne Stifte oder Farbe geben. Die Blätter ohne Anleitung basteln lassen. Zum Thema-Tisch legen oder aufhängen.
  Die andern Kinder gehen frei spielen, wer die grünen Tücher mitnehmen will, darf das.

*Anmerkung:* Das Lied sollte nun so oft wie möglich gesungen werden. Die weiteren Strophen werden im Verlauf des Themas ohne große Einführung an passender Stelle eingeflochten.

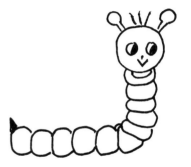

# Das Lied von der Raupe
*Kann auch als Vers benützt werden*

Rhythmische Schmatzgeräusche:

Claudia Bryner

2. Es großes grasgrüens Räupli,
   das frisst de ganzi Tag.
   Es frisst und frisst und frisst, frisst,
   bis es nüme mag.

   «Schmatzgeräusche»

3. E großi, dicki Raupe,
   die baut sich dänn es Huus.
   Drin tuet sie sich verpuppe,
   en Schmetterling gits druus.

   «Schnarchgeräusche»

4. De Schmetterling tuet flüüge,
   grad übers ganzi Land.
   Er flüügt zu allne Blueme
   Und sitzt mir dänn uf d'Hand.

   «Melodie summen und dazu sanft
   mit den Flügeln schlagen.»

### 6.4.3  Neues Wissen spielerisch erleben: Vom Ei bis zur Verpuppung der Raupe

Richtziel:  Naturvorgänge wahrnehmen.

Grobziel:  Tiere und ihre Entwicklung kennen lernen.

Feinziel:  Die Kinder sind in der Lage darzustellen,
wie sich die Raupe vom Ei bis zur Verpuppung entwickelt.

Material:  Themafigur, Tamburin, großes Tuch, Bilder von Ei, Raupe und Puppe,
Packpapier, Klebstreifen, Tücher, Seile, Glockenspiel/Triangel

---

### Aktivität

**Einstig:**
- Im Kreis ein Begrüßungslied singen.
- Raupe Liz begrüßt die Kinder und fragt, ob sie noch wissen, wie sie geboren wurde? Aus einem Ei!

**Hauptteil:**
- Ein älteres Kind darf eine Raupe im Ei spielen. Es wickelt sich in ein Tuch ein und macht sich ganz rund. Langsam rüttelt es sich und rollt hin und her. Dann platzt die Eihülle und die Raupe kommt heraus, streckt sich und beginnt die Hülle zu fressen. Den ganzen Vorgang mit der Stimme und dem Tamburin begleiten.
- Das Bild von einem Raupenei zeigen.
- Alle Kinder rollen sich auf dem Boden zusammen und spielen ohne Tuch zur Begleitung des Tamburins das Schlüpfen der Raupe aus dem Ei.
- Wie kriecht eine Raupe? Möglichst korrekt nachahmen.

- Raupenlied: Nur die erste Strophe singen. Dann im Raum Blätterhaufen aus Tüchern verteilen. Alle kriechen, beim Strophenende bei einem Blatt fressen. Wiederholen.
- Die Raupe wird vom Fressen größer und dicker, ihre Haut passt nicht mehr, sie muss sich häuten. Ein älteres Kind wird mit den Armen am Körper in ein Packpapier gehüllt, welches an den Enden locker mit Klebstreifen zusammengeklebt wird. Nun macht sich das Kind so dick, dass die Hülle reißt. Dies symbolisiert die Häutung.
- Raupenlied: Zweite Strophe singen und darstellen.
- Die Raupe häutet sich wieder. Jedes Kind wickelt sich in ein Tuch und häutet sich auf ein Zeichen des Tamburins. Dabei bewegt sich die Raupe (Kind) hin und her, bis die Haut (Tuch) abfällt.
- Jetzt ist die Raupe schon ganz dick und kriecht langsam und schwerfällig. Alle kriechen langsam zum Tamburin.
- Die Raupe ist dick und satt und will nur noch schlafen. Sie klettert einen Halm oder Stamm hinauf, spinnt einen Faden und bindet sich damit an den Halm. Jedes Kind bekommt ein Seil, sucht sich einen Platz (Stuhl, Tischbein, Heizung) und bindet sich dort irgendwie an.
- Während die Kinder wie Raupen an den «Halmen» kleben, erzählt die Erzieherin, wie sich die Raupe ein letztes Mal häutet. Nun ist die Puppe da, welche rasch hart wird. Die Raupe liegt darin wie in einem Haus.
  Jedem Kind an seinem gewählten Platz ein Bild von einer Puppe zeigen.

Ausklang:
- Nachdem sich die Kinder wieder losgebunden haben, kommen alle in den Kreis. Die Erzieherin erzählt, dass die Raupe viele Tage in dieser Puppe bleibt. Niemand sieht, was darin geschieht. Die Raupe schläft und verwandelt sich dabei. Zur Melodie von «Schlaf, Chindli, schlaf» singen alle «Schlaf, Räupli, schlaf».
- Alle legen sich hin und schlafen wie die Raupe in der Puppe. Dazu spielt die Erzieherin das Glockenspiel oder den Triangel.

Überleitung ins Freispiel:
- Die Erzieherin weckt jede Raupe sanft auf, sie darf irgendwo spielen gehen. Die Kinder dürfen die Tücher und Seile für Raupenspiele ins Freispiel mitnehmen. Die Bilder vom Ei, der Raupe und der Puppe werden beim Thema-Tisch aufgehängt.

### 6.4.4 Anschauung: Lebende Raupe

Richtziel: Naturvorgänge wahrnehmen.

Grobziel: Tiere und ihre Entwicklung kennen lernen.

Feinziel: Die größeren Kinder können erzählen, wie eine Raupe aussieht und wie sie sich bewegt. Alle Kinder sind in der Lage, ihre Bewegungen nachzuahmen.

Material: Themafigur, Tamburin, Flöte, Kiste/Tischchen, Plastiktuch, eine oder mehrere lebende Raupen, ihre Blätter/Pflanzen, Terrarium, Erde, evtl. Handschuhe, Stecken, Salatblätter

---

### Aktivität

**Einstig:**
- Raupenlied singen.
- Themafigur Liz kommt zu den Kindern und erzählt, dass sie eine große Überraschung für sie bereit habe. Heute würden alle miteinander jemanden besuchen gehen.

**Hauptteil:**
- Liz zeigt mit der Erzieherin den Weg, welcher über «Stock und Stein» führt. Dabei einen Hindernisparcours durch die Räume machen: Unter dem Stuhl durch kriechen, über ein Seil am Boden balancieren, über den Tisch klettern, durch einen Kriechtunnel robben, über Steine (Reifen) durch einen Bach gehen. Endlich sind alle am Ziel und setzen sich um einen niedrigen Tisch oder eine Kiste, bedeckt mit einem Plastiktuch.
- Die Erzieherin holt nun das Glas mit der lebenden Raupe und legt diese zusammen mit dem Blatt, welches ihre Nahrung ist, auf das Plastiktuch. Man kann auch gleichzeitig zwei oder drei Raupen derselben Art zum Anschauen bereithalten.
- Nun wird die Raupe beobachtet und die Kinder werden einiges dazu erzählen. Die Erzieherin soll auf die Aussagen der Kinder eingehen. Ihr Ziel ist es, die Kinder während des Gesprächs auf die Fortbewegung und das Aussehen der Raupe aufmerksam zu machen und ihnen zu erzählen, dass jede Raupe meistens nur eine Pflanze gerne frisst, nämlich diejenige, auf welcher sie geboren wurde. Diese Raupe zum Beispiel habe sie auf Brennnesseln gefunden und sie fresse nur diese Pflanze.

- Wenn das Interesse der Kinder nachlässt, wird die Raupe in das Glas zurückgelegt. Die Anschauung sollte nicht länger als zehn Minuten dauern.
- Die Kinder dürfen nun versuchen, wie diese Raupe zu kriechen. Die Bewegungen mit dem Tamburin begleiten.
- Jedes Kind bekommt ein richtiges Salatblatt, welches es wie eine Raupe beknabbern kann.
- Welche Farbe hat unsere lebende Raupe? Welche Farbe hat Liz?
- Zweiergruppen bilden, zum Beispiel aus je einem älteren und einem jüngeren Kind. Nun spazieren sie miteinander zur Flöte/Tamburin durch den Raum und wenn die Musik zu Ende ist, suchen sie einen Gegenstand mit der Farbe der lebenden Raupe und zeigen ihn der Erzieherin. Weiter zur Musik spazieren. Nun wird die Farbe von Liz gesucht.

**Ausklang:**
- Die Themafigur Liz erzählt den Kindern, dass die Raupe gerne ein paar Tage hier auf Besuch bleiben würde, sofern sie eine geeignete Unterkunft und das richtige Fressen hätte. (Man kann die Raupe auch sofort wieder zurückbringen, entweder alleine oder am Nachmittag gemeinsam auf einem Spaziergang.)
- Gemeinsam richten die Kinder ein Terrarium ein: Erde einfüllen, junge Brennnesselpflanzen mit den Wurzeln einsetzen oder frische Blätter hineinlegen sowie einige Stecken dazugeben. Die Raupe ins Terrarium legen. Dieses mit einem luftdurchlässigen Deckel gut verschließen. Jeden Tag frische Blätter ins Terrarium geben.
- Je nach Zeit durchlaufen nun alle Kinder den anfänglichen Hindernisparcours zurück bis zum Ausgangspunkt. Ist hingegen die Zeit knapp, kann auch beim Terrarium die Überleitung ins Freispiel erfolgen.

**Überleitung ins Freispiel:**
- Wer Lust hat, kann die Raupe zeichnen, die andern gehen spielen.

*Anmerkung:* Nach einigen Tagen werden die Raupen auf einem Spaziergang wieder an denjenigen Ort zurückgebracht, an welchem sie eingesammelt wurden. Dort verabschieden sich die Kinder von ihnen, werden sie aber später wieder besuchen und die weitere Entwicklung beobachten. Unter Umständen können die Raupen auch bis zur Verpuppung behalten werden. Es besteht allerdings ein großes Risiko, dass sie bei einem längeren Aufenthalt im Terrarium vorzeitig eingehen, was für die Kinder keine gute Erfahrung wäre.

### 6.4.5  Das Tischtheater: Die Raupe und der Vogel

Richtziel:  Naturvorgänge wahrnehmen.

Grobziel:  Tiere und ihre Entwicklung kennen lernen.

Feinziel:   Die Kinder erleben, welche Feinde die Raupe hat, und erzählen darüber.

Material:  Bank, kleiner Tisch/Kiste, Tuch, kleine Raupe aus Knetmasse, kleiner Vogel, Blätter,
Baum, Stein, Blumen, Flöte, Kärtchen mit und ohne Raupenbild, Körbe, Flöte, Liz

---

## Aktivität

### Einstieg:
- Begrüßungslied singen.
- Räuplilied singen: «S'chrüeht es Räupli, s'chrüeht es Räupli, s'Blättli uf,
  s'Blättli uf, äne wieder aabe, äne wieder aabe, uf em Buuch, uf em Buuch.»
  (Melodie: «Frère Jacques»).
- Jedes Kind darf versuchen, über die Sitzfläche einer Bank wie eine Raupe zu
  kriechen. Wenn keine Bank vorhanden ist, kann man stattdessen auch ein Kleb-
  band auf den Boden kleben.
- Plötzlich sagt die Erzieherin, sie höre ein leises Lachen. Alle horchen und
  machen sich auf die Suche nach der Ursache.

### Hauptteil:
- In einem Zimmer hat die Erzieherin das Tischtheater schon vorher aufgebaut
  und die Sitzordnung erstellt. Die Kinder setzen sich in der hinteren Reihe auf
  Tische und in der vorderen auf Stühle. Alle haben eine gute Sicht auf die Spiel-
  fläche. Auf einem niedrigen Tisch oder einer Kiste ist das Theater aufgebaut:
  Ein grünes Tuch als Wiese, links hinten einige Bäume, einige Blätter und Blumen liegen verstreut auf der Wiese und auf einem Stein befindet sich eine
  kleine, grüne Raupe, welche leise lacht.
- Die Erzieherin spielt nun folgendes Theater: Die Raupe lacht erleichtert, weil
  sie grad eben einem hungrigen Vogel entwischt ist. Sie kriecht herum, frisst von
  jedem Blatt etwas und erzählt von den Feinden der Raupen. Sie will, falls wieder ein Vogel kommt, unter einem grünen Blatt Schutz suchen und sich auf
  diese Art tarnen. Sie zeigt es vor. Während sie erzählt, erscheint hinter dem Baum
  ein Vogel auf der Wiese. Er sucht Würmer und nähert sich langsam der Raupe.

Beide sehen sich noch nicht. Gerade als sie den Kopf unter dem Blatt hervorstreckt, entdeckt die Raupe den Vogel und verschwindet wieder. Der Vogel richtet sich an die Kinder, sagt, er habe ein Nest voller Jungen und brauche dringend Futter. Ob sie einen Wurm oder eine Raupe gesehen hätten? Vorhin sei nämlich eine dicke Raupe da gewesen, aber sie sei ihm entwischt. Die Raupe flüstert den Kindern zu, doch bitte ja nichts zu sagen. Der Vogel pickt grad neben der Raupe, entdeckt sie aber nicht. Fliegt weg auf der Suche nach mehr Futter. Die Raupe kommt hervor und bedankt sich bei den Kindern und will jetzt schlafen gehen, da es heute für sie sehr gefährlich war.
(Nach Bedarf zweimal spielen.)

- Alle Kinder kriechen zum Lied «S'chrücht es Räupli» wie Raupen ins andere Zimmer und setzen sich in den Kreis.
- Wer weiß noch, vor wem die Raupe auf der Hut sein muss, damit sie nicht gefressen wird?
- Alle Kinder sind Raupen, die Erzieherin spielt den Vogel. Die Raupen kriechen herum und fressen «Blätter». Kommt der Vogel aus der Ecke, müssen alle unter einen Tisch kriechen. Erwischt der Vogel eine Raupe, spielt dieses Kind nun den Vogel.
- Auf dem Boden verteilt liegen mit der Bildseite nach unten viele Kärtchen, einige leer und andere mit einer gezeichneten Raupe darauf. Vier Kinder spielen einen Vogel, welcher zur Flöte im Zimmer herumfliegt. Hört die Musik auf, pickt jeder Vogel ein Kärtchen auf. Ist es eine Raupe, darf er sie in sein Nest (Korb) legen. Weiterfliegen, bis alle Raupen gefunden sind. Das Spiel kann je nach Zeit und Interesse mehrmals gespielt werden.

**Ausklang:**
- Raupenlied singen.
- Raupe Liz kommt und will von den Kindern wissen, ob sie nun seine Feinde kennen würden? Sie ist froh, dass es hier im Zimmer keine Vögel hat.

**Überleitung ins Freispiel:**
- Liz möchte das Theater auch sehen, wer will es nochmals spielen? Die andern können zuschauen oder etwas anderes spielen gehen.

### 6.4.6  Rhythmisches Zeichnen zum Thema Raupe

Richtziel:   Bewegungsmöglichkeiten weiterentwickeln.

Grobziel:   Feinmotorische Fähigkeiten und die Koordination verfeinern.

Feinziel:   Die älteren Kinder sind in der Lage, zum Rhythmus einer Stimme oder eines
Instrumentes Kreise und Striche zu zeichnen und zu einer Raupe zusammenzufügen.
Die Kleinen zeichnen Kreise und Striche.

Material:   Liz, Vogel, Blatt, Tamburin, große Papiere, Klebband oder Seil, Ölkreidestifte

---

### Aktivität

**Einstieg:**
- Begrüßungslied mit Raupe Liz.
- Auf dem Boden eine Linie ziehen (Seil oder Klebband). Am einen Ende links
  der Linie die Raupe Liz hinlegen, rechts davon einen Vogel und in der Mitte
  beim Ende der Linie ein grünes Blatt. Ein Kind stellt sich nun mit gespreizten
  Beinen über die Linie. Diese Position gehört zum «Blatt». Ruft die Erzieherin
  oder ein Kind als Spielleiter hingegen «Raupe», hüpft das Kind rasch mit geschlossenen Beinen nach links über die Linie und steht nun vis-à-vis der
  Raupe. Hört es «Vogel», dann springt es mit geschlossenen Beinen auf die
  rechte Seite der Linie und bei «Blatt» stellt es sich wieder mit gespreizten Beinen über die Linie. Macht das Kind einen Fehler, darf ein anderes mitspielen.
  Es können auch mehrere Kinder gleichzeitig springen. Auch der Spielleiter wird
  hin und wieder ausgewechselt.

**Hauptteil:**
- Die drei Sachen (Raupe, Vogel, Blatt) gut sichtbar im Raum platzieren. Alle
  Kinder bewegen sich rhythmisch passend zum Tamburin. Ruft die Erzieherin
  «Raupe», laufen alle Kinder rasch zur Raupe und so weiter.
- Raupe Liz erzählt, dass sie etwas traurig sei, da sie hier keine andern Raupen
  zum Spielen habe. Die Erzieherin hat eine Idee. Alle Kinder könnten doch
  wenigstens eine Raupe zeichnen. Liz freut sich.
- Jedes Kind setzt sich auf dem Boden vor ein großes Papier, welches an den
  Ecken mit Malerklebband befestigt ist. Zudem erhält jedes einen Ölkreidestift,
  den es aber noch nicht benützen darf.

- Die Erzieherin zeigt eine gezeichnete Raupe aus vier Kreisen. Der vierte Kreis ist der Kopf mit dem Gesicht und den zwei «Hörnchen».

Alle zeichnen nun zuerst mit dem Stift einen Kreis in die Luft: «Runde, runde Chreis, de Chreis, dä isch ganz rund. Runde, runde Chreis, de Raupebuuch dä isch ganz rund», spricht die Erzieherin rhythmisch dazu.
- Nun wird das erste Bauchsegment so lange mit rhythmischer Begleitung aufs Papier gezeichnet, bis ein schöner, dicker Kreis entstanden ist. Der zweite Kreis schließt sich unmittelbar daran an und wird auf die gleiche Art gezeichnet. Für das dritte Bauchsegment nimmt die Erzieherin das Tamburin und macht darauf mit den Fingernägeln kreisende Geräusche. Die Kinder zeichnen rhythmisch dazu. Das Gleiche gilt für den Kopfkreis.
- Am Kopf werden nun noch die beiden «Hörnchen» in Strichform angebracht: «Uf, ab, uf, ab», sagt die Erzieherin, während sie und die Kinder zuerst das erste «Hörnchen» zeichnen und dann das zweite.
- Zum Schluss wird der Raupe nach eigener Fantasie ein Gesicht gezeichnet.
- Alle stehen auf, wandern umher und schauen die Bilder an.
- Nachdem die Zeichnungen sorgfältig weggeräumt wurden, dürfen sich die Kinder zur Begleitung des Tamburins passend bewegen. Ruft die Erzieherin «Raupe», sollen immer drei oder vier Kinder zusammengehen, sich zusammengerollt hintereinander auf den Boden legen und damit eine Raupe darstellen.

### Ausklang:
- Raupe Liz schaut die Bilder an, freut sich über so viel Besuch und bedankt sich. Aber es bleiben halt doch nur Zeichnungen. Hat ein Kind eine Idee, wie man für Liz eine andere Raupe basteln könnte?

### Überleitung ins Freispiel:
- Wer eine Idee hat, kann diese im Freispiel verwirklichen. Man darf auch nochmals Raupen zeichnen oder sonst irgendwohin spielen gehen.

### 6.4.7  Soziale Spiele zum Thema Raupe

Richtziel:  Einfühlungsvermögen und Rücksichtnahme weiterentwickeln.

Grobziel:  Sich in die Lage des Gegenübers versetzen,
Verantwortung übernehmen und sich andern anvertrauen.

Feinziel:  Die Kinder können in Partner- und Gruppenspielen Führung übernehmen,
sich aber auch unterordnen und geben aufeinander acht.

Material:  Themafigur, Tamburin, großes Tuch, Korkzapfen

---

**Aktivität**

**Einstieg:**
- Morgenlied singen.
- Raupe Liz begrüßt die Kinder und erzählt ihnen, ihre Raupenfamilie bestehe aus vielen Brüdern und Schwestern, welche alle etwa gleich groß und gleich alt seien wie sie. Da gehe es oft lebhaft zu und her, wenn jede den besten Fressplatz ergattern wolle. Doch entstünden auch Freundschaften unter den Geschwistern, welche dann gut füreinander schauten. Sie besuche ihre Familie manchmal am Abend, wenn alle Kinder nach Hause gegangen seien.

**Hauptteil:**
- Alle Raupen kriechen hintereinander in einer langen Reihe zu den jungen Brennnesseln, um dort zu fressen. Auf ein Zeichen des Tamburins wechselt die Raupe, welche die Gruppe führt, ans Ende der Reihe. So lange spielen, bis alle einmal an der Spitze der Reihe kriechen konnten.
- Liz spielt ein lustiges Spiel mit den andern Raupen. Sie zeigt Figuren, die die andern rasch nachahmen: Sich eng zusammenrollen, flach auf den Bauch legen, sich auf die Schwanzspitze (Zehenspitzen) stellen, Ring mit dem Körper bilden. Zuerst spielt die Erzieherin Liz, dann dürfen Kinder diese Rolle übernehmen.
- Eine Raupe weiss einen besseren Fressplatz, sie führt Liz dorthin. Die Erzieherin führt ein Kind an der Hand zu einem besonderen Platz. Dort «Blätter fressen».
- Zweiergruppen bilden. Das eine Kind führt das andere an der Hand an einen besonderen Platz, wo zuerst gefressen wird. Dann die Rollen tauschen.
Steigerung: Wer will, darf sich mit geschlossenen Augen führen lassen.

- Die Raupen kommen an eine große Pfütze, in welcher sie sich spiegeln. Die Erzieherin spielt eine Raupe, welche sich im Wasser anschaut, die Kinder sind der Spiegel. Die Erzieherin macht Bewegungen oder Grimassen und die Kinder ahmen alles sofort nach.
- Zu zweit spielen die Kinder nun Raupe und Spiegel. Eines macht eine Grimasse oder Bewegung und das andere als Spiegel muss alles rasch nachahmen. Abwechseln.
- Nun suchen alle saftige Blätter zum Fressen und kriechen deshalb weiter. Zum Tamburin allein weitergehen (nicht kriechen). Auf ein Zeichen gehen zwei Raupen zusammen weiter, auf das nächste Zeichen spazieren alle wieder allein. Das geht einige Male so weiter. Dabei sollen immer wieder zwei andere Raupen zusammenfinden.
- Am Abend kommen alle Raupen nach Hause. Jede erzählt kurz, was sie erlebt und gemacht hat. Dazu sitzt sie in die Mitte des Kreises. Eine sagt: «Ich bin fast von einem Vogel gefressen worden. Im letzten Moment habe ich mich vom Blatt fallen lassen und konnte mich verstecken.» Eine andere sagt, sie habe eine wunderbar duftende Blume gesehen. Aber als sie ein Blütenblatt anknabberte, sei es ihr fast schlecht geworden, so bitter sei die Blume gewesen! Eine dritte sagt zufrieden, sie habe den ganzen Tag auf einer saftigen Brennnessel gesessen und ununterbrochen gefressen. Nun sei ihr Kleid richtig eng geworden.

  Die größeren Kinder sollen nach eigener Fantasie etwas Passendes erzählen, je nachdem muss die Erzieherin vielleicht einen Anstoß oder Unterstützung dazu geben.

### Ausklang:
- Der Mond geht auf, die Raupen legen sich auf die Blätter und leise werden sie vom Nachtwind in den Schlaf gewiegt.

  Auf ein großes, grünes Tuch werden viele Korkzapfen als Raupenersatz gelegt. Alle halten sich an dem Tuch und stehen auf.

  Das Tuch vorsichtig auf und ab bewegen, keine Raupe darf herunterfallen. Dazu «Schlaf, Räupli, schlaf» singen.

### Überleitung ins Freispiel:
- Möchte jemand einen Korkzapfen so bemalen, dass es eine kleine Raupe wird? Die andern Kinder gehen spielen.

### 6.4.8  Spiele zum Thema: Entwicklung von der Raupe zum Schmetterling

Richtziel:  Naturvorgänge wahrnehmen.

Grobziel:  Tiere und ihre Entwicklung kennen lernen.

Feinziel:  Die Kinder erleben das Schlüpfen des Schmetterlings
anhand der Themafigur Lizibelle und können den Vorgang darstellen.

Material:  Verpuppter Schmetterling (neue Themafigur), große Tücher, Tamburin

### Aktivität

*Anmerkung:* Die Themafigur Raupe Liz hat sich über Nacht plötzlich verpuppt. Dazu wickelt man sie, bevor die Kinder kommen, dick in ein Tuch ein und hängt sie senkrecht an einen Ast oder etwas Ähnliches. Nun bleibt sie einige Tage in ihrer Verpuppung, bis sie sich in einen Schmetterling verwandelt. Damit es für die Kinder nicht zu lange dauert, sollte ein Wochenende dazwischen liegen.

**Einstieg:**
- Begrüßungslied singen.
- «Däweg stönd mir am Morge-n-uf» singen und Bewegungen dazu machen (aufstehen, sich ankleiden, frühstücken).
- Wer ist alles da? Alle Kinder zählen.
- Drei Strophen des Raupenliedes singen.

**Hauptteil:**
- Die dick verpuppte Raupe Liz vorsichtig in den Kreis holen. Alle schauen miteinander die Puppe an. Wie geht es ihr wohl darin?
Kurzes Gespräch dazu.
- Alle Kinder schliessen die Augen. Die Erzieherin holt ein Kind. Dieses legt sich in den Kreis und wird mit einem Tuch zugedeckt. Welche Raupe hat sich verpuppt? Mehrmals spielen.
- Während alle schauen, beginnt sich die Puppe zu bewegen. Zuerst nur wenig, dann etwas heftiger. Die Verwandlung ist abgeschlossen. Alle beobachten nun gespannt, wie der Falter nach und nach aus der Puppe schlüpft. (*Achtung!* Dazu muss vor dem Eintreffen der Kinder die Raupe aus der Verpuppung genommen und der fertige Schmetterling in die Tücher gewickelt werden). Nun platzt die

Hülle auf und der Falter kommt zum Vorschein. Er bleibt einen Moment ruhig sitzen, schüttelt dann seine Flügel und kehrt sie den Kindern zu.

- Der Schmetterling richtet sich an die Kinder und fragt, ob sie ihn noch kennen würden? Sie sei mal die Raupe Liz gewesen und jetzt heiße sie Lizibelle und sei ein Schmetterling geworden. Kurze Begrüßung.
- Schmetterling Lizibelle macht mit der Erzieherin einen ersten Flugversuch, der ihr sehr gut gefällt.
- Heute das erste Mal auch die vierte Strophe des Raupenliedes singen.
- Alle Kinder dürfen zur vierten Strophe fliegen wie ein Schmetterling und dann auf den Boden sitzen.
- Nun darf ein Kind mit Lizibelle fliegen. Bei Strophenende setzt sich Lizibelle auf die Hand eines andern Kindes, welches jetzt mit ihr fliegen darf. Die andern sind selber ein Schmetterling und fliegen mit. So lange singen, bis alle Kinder einmal mit Lizibelle fliegen durften.

Ausklang:
- Jedes Kind bekommt ein großes Tuch. Alle suchen sich einen Platz, an welchem sie sich verpuppen können. Nun wickeln sie sich ins Tuch ein und liegen ganz still da. Ab und zu zittert und bewegt sich etwas in der Puppe. Mit dem Tamburin begleiten, wenn sich etwas bewegt.
- Dann ist es so weit, die Puppe bewegt sich heftiger und plötzlich reißt das Tuch auf und der Falter kommt zum Vorschein.
  Ruhig sitzen, dann mit den Flügeln zittern, diese ausbreiten und wegfliegen. Dazu nochmals die vierte Strophe des Raupenliedes singen.

Überleitung ins Freispiel:
- Wer sich nochmals mit den Tüchern verpuppen möchte, darf das, die andern spielen, wo sie wollen.
- Nun wohnt Lizibelle bei den Blumen auf dem Thema-Tisch.

### 6.4.9  Rhythmik zum Thema Schmetterling

Richtziel:  Wahrnehmungsfähigkeit weiterentwickeln.

Grobziel:  Alle Sinne möglichst vielfältig einsetzen und verfeinern

Feinziel:  Anhand rhythmischer Übungen bewegen sich die Kinder mit und ohne Material
wie Schmetterlinge, orientieren sich im Raum und tanzen nach eigener Fantasie
passend zur Musik.

Material:  Themafigur, Triangel/Flöte, Chiffontücher oder Bänder, CD-Musik
«Aufforderung zum Tanz» von Carl M. von Weber und Abspielgerät, Reifen, Korb

---

### Aktivität

**Einstieg:**
- Alle Strophen des inzwischen vollständig bekannten Raupenliedes singen.
- Da aus Liz ein schöner Schmetterling geworden ist, kommt als Themafigur nun
jeweils Lizibelle, der Schmetterling, zu den Kindern und begrüßt alle.
- Alle fliegen zum Triangel wie Schmetterlinge durch den Raum ohne anzustoßen.

**Hauptteil:**
- Lizibelle erzählt, dass sie eine Freundin gefunden habe. Sie habe wunderschöne
blaue Flügel.
- Zweiergruppen bilden. Eines fliegt zum Triangel voraus, das andere hintennach.
Abwechseln.
- Dasselbe nochmals, ruft die Erzieherin «allein», fliegen alle alleine weiter.
Ruft sie «zusammen», finden die Paare einander wieder und fliegen zu zweit
weiter.
Dies im Wechsel einige Male machen.
- Zwei Schmetterlinge spielen «Fangen»: Einer fliegt weg und der andere versucht,
ihn zu fangen. Mit verschiedenen Paaren mehrmals spielen.
- Nun bekommen alle Kinder farbige Schmetterlingsflügel in Form von zwei Chif-
fontüchern oder 30 cm langen Stoff- beziehungsweise Kreppbändern in jede Hand.
Alle fliegen mit ihren Flügeln zum Triangel oder der Flöte durch den Raum,
ohne einander zu berühren.
- Die Kinder setzen sich mit ihren Flügeln in den Kreis. Die Erzieherin spielt
ihnen eine Schmetterlingsmusik ab CD vor, zum Beispiel einen Walzerteil aus

dem Musikstück «Aufforderung zum Tanz» von Carl Maria von Weber. Wer hört, wie Lizibelle und ihre Freunde über die Blumenwiese tanzen?

- Zu dieser Musik dürfen die Kinder samt ihren Flügeln nun frei tanzen.
- Einige Reifen markieren Blumen. Wird die Musik abgestellt, fliegen alle Schmetterlinge zu einer Blume und trinken Nektar. Wenn die Musik wieder spielt, fliegen alle weiter.
- Dasselbe nochmals, wenn die Musik abstellt, ruft die Erzieherin «Rot» und alle fliegen zur roten Blume.
- Wer möchte einmal alleine wie ein Schmetterling fliegen und alle schauen zu? Kann Lizibelle zur Musik vielleicht auf besondere Art tanzen? Dies vielleicht von der ganzen Gruppe nachahmen lassen.

### Ausklang:
- Wenn die Sonne untergeht, wird es Zeit für den Schmetterling, einen Platz zum Schlafen zu suchen. Nochmals zur Musik tanzen, dann diese langsam leiser stellen, bis man nichts mehr hört. Nun ist die Sonne untergegangen. Jeder Schmetterling sucht sich einen Platz zum Schlafen.

### Überleitung ins Freispiel:
- Die Erzieherin weckt jedes Kind einzeln mit dem Triangel auf. Es darf die Flügel zusammenfalten, in einen Korb legen und spielen gehen.
- Wer nochmals zur Musik wie ein Schmetterling tanzen will, kann das in einem separaten Raum.

## 6.4.10 Musikmalen zum Thema Schmetterlingstanz

Richtziel:  Wahrnehmungsfähigkeit und Bewegungsmöglichkeiten weiterentwickeln.

Grobziel:  Auditive Fähigkeiten verfeinern und feinmotorische Fertigkeiten weiterentwickeln.

Feinziel:  Die Kinder sind in der Lage, passend zur Musik den Tanz der Schmetterlinge darzustellen und mitzuzeichnen.

Material:  Themafigur Lizibelle, Packpapier, Klebband, Ölkreidestifte, CD-Musik «Aufforderung zum Tanz», Abspielgerät, Chiffontücher

### Aktivität

**Einstieg:**
- Begrüßungslied singen.
- Auf den Boden vier Kärtchen mit dem Bild je einer Raupe, eines Vogels, einer Blume und eines Schmetterlings in eine Reihe legen. Kurz besprechen, was das alles ist.
  Spielregel dazu: Zwei Kinder setzen sich links bzw. rechts neben die Kartenreihe. Ein Spielleiter sitzt am Kopf der Reihe. Ruft er «Hoppelihopp – Raupe», legen beide Mitspieler so rasch als möglich die Hand auf das Raupenkärtchen. So weiterspielen, bis alle Kärtchen zwei- bis dreimal an der Reihe waren. Dieses Reaktionsspiel kann mit älteren Kindern auch so gespielt werden, dass dasjenige, welches zuerst die Hand auf das Kärtchen gelegt hat, einen Spielstein nehmen darf. Nach einigen Runden werden die Spielsteine gezählt, wer mehr hat, ist der Sieger.

**Hauptteil:**
- Alle Kinder spazieren zum Tamburin im Raum. Ruft die Erzieherin «Raupe», kriechen alle ein kurzes Stück wie eine Raupe. Weiterspazieren. Im Wechsel Raupe, Vogel, Blume und Schmetterling rufen und darstellen. Das Spiel mit dem Schmetterling beenden.
- Jedes Kind bekommt ein Chiffontuch. Damit zur Schmetterlingsmusik tanzen.
- Im Kreis stehend, hören alle genau auf die Musik. Für das Musikmalen soll ein Musikteil gewählt werden, welcher verschiedene Tempi aufweist.
  Ist die Musik schnell oder langsam, wild oder sanft, traurig oder fröhlich? Nur die Tücher passend zur Musik tanzen lassen.

- Auf dem Boden ein langes Stück Papier befestigen. Alle Kinder sitzen um das Papier herum, jedes hat genug Platz zum Malen. Sie bekommen zwei Ölkreidestifte, dürfen aber noch nicht malen!
- Passend zur Musik zeichnen alle mit einer Hand und auch mit beiden Händen in die Luft, dies dauert etwa eine knappe Minute.
- Nun beginnen die Kinder, den Tanz der Schmetterlinge auf dem Papier mitzuzeichnen. Dabei hören sie auf den Rhythmus der Musik und lassen den Stift entsprechend übers Papier tanzen.
  Während die Kinder malen, kann die Erzieherin ab und zu neue Anregungen geben. Es kann zum Beispiel mit beiden Händen oder mit geschlossenen Augen gemalt werden.
- Wenn die Kinder Spaß daran haben, wird die Musik mehrmals abgespielt. Damit sie die neu gemalten Tänze besser sehen, dürfen sie dazu vielleicht andere Farben wählen.

### Ausklang:
- Gemeinsam schauen wir unser Kunstwerk an.
- Zur Flöte dürfen immer zwei Kinder miteinander wie Schmetterlinge tanzen. Dabei halten sie sich an einer Hand und in der andern hat jedes seinen Chiffonflügel. Zusammen sind sie nun Lizibelle.
- Nur die vierte Strophe des Raupenliedes singen.

### Überleitung ins Freispiel:
- Wer nochmals zur Musik malen möchte, kann in einem andern Raum ein Papier auf den Boden kleben und dort selber malen. Auch die andern Kinder sagen, womit sie spielen wollen.

## 6.4.11 Legespiel mit Schmetterlingen

Richtziel:  Wahrnehmungsfähigkeit und Gedächtnis weiterentwickeln.

Grobziel:  Visuelle Fähigkeiten verfeinern sowie vorgegebene Muster einprägen und wiedergeben.

Feinziel:  Die älteren Kinder sind in der Lage, Bilderkompositionen aus verschiedenen Schmetterlingen genau anzuschauen und richtig nachzulegen.

Die Kinder gestalten mit den Schmetterlingen eigene Muster.

Material:  Themafigur, Flöte, Reifen, einige Hindernisse z.B. Stühle, für jedes Kind ein Kuvert mit einem großen roten, zwei mittleren gelben, drei kleinen blauen Schmetterlingen aus festem Papier oder Moosgummi, Tücher, großes Tuch, Behälter für die Kleinen

### Aktivität

### Einstieg:

* Raupenlied singen.
* Ein Kind bekommt Lizibelle und fliegt zur vierten Strophe des Raupenliedes um den Kreis der Kinder. Am Ende der Strophe setzt sich Lizibelle einem andern Kind auf die Hand. Dieses fliegt nun mit ihr umher, das andere Kind fliegt alleine weiter. So lange spielen, bis alle Kinder einmal mit Lizibelle fliegen durften. Alle fliegen nun über die Wiese.
* Zur Flöte tanzen alle Schmetterlinge über die Wiese. Wenn die Musik aufhört, setzen sich alle Falter auf eine Blume (Reifen). Einige Male wiederholen.
* Nun fliegen die Falter durch den Wald und dürfen mit ihren Flügeln nirgends anstoßen. Einige Hindernisse aufstellen.

### Hauptteil:

* Alle Kinder sitzen im Kreis auf dem Boden. Jedes erhält ein Kuvert mit Schmetterlingen.
* Die Kuverts öffnen und die Sachen herausnehmen. Was ist das?
* Nach Farben sortieren und die Häufchen vor sich hinlegen. Kuverts einsammeln. Sehr kleine Kinder erhalten auch Schmetterlinge und dazu einige Behälter zum Spielen. Je nach Situation können sie auch außerhalb des Kreises damitspielen.
* Die Erzieherin erzählt nun, wie die Falter über die Wiese fliegen und auf Blumen absitzen, da einer und dort ein anderer. Dabei legt sie zwei Schmetterlinge nebeneinander.

Die Kinder ahmen die Erzieherin nun genau nach.

Kinder, welche im Kreis vis-à-vis der Erzieherin sitzen, werden die Muster möglicherweise seitenverkehrt legen. Nur ältere Kinder sind in der Lage, die Muster trotzdem in der richtigen Reihenfolge hinzulegen.

- Die Erzieherin legt nun je nach Fähigkeiten der Kinder mit mehr oder weniger Schmetterlingen einige Muster, die Kinder ahmen sie nach.
- Nun dürfen die Kinder eigene Muster erfinden. Die Erzieherin bewundert alle.
- Ein Kind legt ein Muster vor, alle andern, auch die Erzieherin, legen es nach. Abwechseln.
- Die Erzieherin legt ein einfaches Muster und fordert die Kinder auf, sich dieses gut einzuprägen. Nun deckt sie es zu und die Kinder versuchen, es aus dem Gedächtnis richtig nachzulegen. Muster den Fähigkeiten anpassen.
- Je nach Bedarf kann auch ein Muster nach «Diktat» gelegt werden: «Zuerst legt ihr den roten, dann einen gelben und zum Schluss den blauen Schmetterling in eine Reihe.» Erst jetzt dürfen die Kinder das diktierte Muster legen.
- Zweiergruppen bilden. Die beiden Kinder sollen auf einem Tuch mit all ihren Schmetterlingen gemeinsam ein Schmetterlingsgemälde legen, das beiden gefällt.

## Ausklang:

- Alle spazieren zur Flöte vorsichtig über die Wiese und schauen die vielen Schmetterlingsbilder an. Es darf nichts berührt werden.
- Die Erzieherin legt nun ein großes Tuch auf den Boden. Auf ein Zeichen bringt jedes Kind seine Falter zu diesem Tuch und legt sie darauf, bis alle auf dieser Blumenwiese sitzen.
- Schmetterlingslied singen.

## Überleitung ins Freispiel:

- Möchten Kinder allein oder mit andern noch weitere Schmetterlingsmuster legen?
- Auf einem grünen, großen Papier soll eine Schmetterlingswiese entstehen. Wer Lust hat, darf einige Falter auf das Papier kleben.

Alle andern Kinder gehen spielen.

## 6.4.12 Experimentieren mit Wasserfarben

Richtziel:  Mit Material experimentieren und die Ausdrucksfähigkeiten weiterentwickeln.

Grobziel:   Nach eigener Fantasie Wasserfarben auf verschiedene Arten anwenden.

Feinziel:   Die Kinder sind in der Lage, mit den drei Grundfarben zu experimentieren und die entstandenen Farben mit unterschiedlichen Techniken zu eigenen Mustern zu verarbeiten.

Material:   Themafigur, Tamburin, Bilder von Schmetterlingen, Plastikunterlagen, dickflüssige
Farben Rot, Blau, Gelb in vielen kleinen Behältern, Wasser, Schürzen, Papiere, Schmetter-
lingsformen aus Papier oder Karton, Paletten, Pinsel, Schwämme, Korkzapfen, Haar-
kämme, Gabeln, Lappen, Haushaltpapier.

### Aktivität

**Einstieg:**
- Ein Schmetterlingslied singen.
- Themafigur Lizibelle begrüßt die Kinder und freut sich über ihre schön ge-
zeichneten Flügel.
Kennen die Kinder die Vielfalt der Schmetterlinge und ihre prächtigen Farben
und Muster?
- Bilderbuchsitzordung erstellen: Einige größere Fotos von Schmetterlingsflügeln
anschauen und deren Farben und Formen besprechen.
- Alle Kinder bewegen sich zum Rhythmus des Tamburins im Raum. Ruft die
Erzieherin «Rot», suchen alle etwas Rotes und berühren es. Weiterspielen, die
Erzieherin ruft immer wieder eine der drei Farben Rot, Gelb, Blau.

**Hauptteil:**
Alle Malutensilien stehen in genügender Anzahl bereit, damit die Kinder sofort
mit ihren Experimenten beginnen können.
- Bevor die Erzieherin die Kinder in Gruppen experimentieren lässt, erklärt sie
im Kreis die Arbeitsweise: Alle  Kindergruppen erhalten die drei Grundfarben
in Behältern mit Pinseln. Jedes Kind bekommt zudem einen eigenen Pinsel samt
Palette (Plastikeinlage aus Pralinenschachtel, Innenseite einer Tetrapackung oder
Ähnliches), auf welcher es die Farben selber mischen kann. Mit dem Grund-
farbenpinsel tropft man dazu Farbe auf die Palette, mischt sie aber immer mit
dem eigenen Pinsel. Mit den Farben kann man auf Papieren malen, drucken,

mit dem Schwamm klecksen, mit den Fingern, Gabeln oder anderen Geräten Muster in die nassen Farben zeichnen.

- Die Kinder ziehen eine Malschürze an und werden in Dreier- oder Vierergruppen eingeteilt. Jede Gruppe bekommt einen Kindertisch oder einen Platz auf dem Boden zugeteilt, welcher mit Plastik ausgelegt ist.
- Die Erzieherin hält sich während dieser Aktivität beobachtend im Hintergrund und gibt nur falls nötig oder erwünscht Hilfestellung.

Kinder unter zwei Jahren werden zu einer eigenen Gruppe zusammengefügt und bei ihren Experimenten von einer zusätzlichen Erzieherin betreut.

### Ausklang:

- Wenn das Interesse der Kinder am Experimentieren etwas nachlässt, erhalten alle einen Schmetterling aus Papier oder Karton. Diesen dürfen sie nun nach eigener Fantasie und mit ihrer bevorzugten Technik bemalen und verzieren und zum Trocknen auf einen extra bezeichneten Platz legen.

### Überleitung ins Freispiel:

- Da die Kinder nicht alle zur gleichen Zeit fertig sein werden, soll ein individueller und fließender Übergang ins Freispiel möglich sein. Jedes Kind, welches nicht mehr malen will, darf seine Hände waschen und etwas anderes spielen gehen. Unvollendete Werke können auch an einem andern Tag fertig bemalt werden.

Die Schmetterlinge werden zuerst als Dekoration verwendet und am Ende des Themas jedem Kind mit nach Hause gegeben.

### 6.4.13 Erlebnisturnen zum Thema Raupe – Schmetterling

Richtziel:  Bewegungsmöglichkeiten weiterentwickeln und
Naturvorgänge wahrnehmen.

Grobziel:  Grobmotorische Bewegungsabläufe fördern und Tiere und ihre Entwicklung
kennen lernen.

Feinziel:  Die Kinder sind in der Lage, die Entwicklung der Raupe zum Schmetterling anhand der
erzählten Geschichte mit entsprechenden Bewegungen verschiedener Körperteile darzustellen.

Material:  Karten vom Ei bis Schmetterling, Tamburin, Triangel, Musik «Aufforderung zum Tanz»
und Abspielgerät

### Aktivität

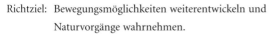

### Einstieg:

- Das Raupenlied singen.
- Kurzes Gespräch über die Entwicklung von der Raupe zum Schmetterling. Wer
weiß, wie die Reihenfolge ist?
Kärtchen mit den Stationen (Ei, kleine Raupe, große Raupe, sehr dicke Raupe,
Puppe, Schmetterling) zeigen. Wer kann sie der Reihe nach hinlegen?

### Hauptteil:

Die Erzieherin erzählt, was die Raupe (Kind) macht, und begleitet danach
die Bewegungen der Kinder rhythmisch mit lebhafter, energischer Stimme oder
dem Tamburin. Jede Übung samt rhythmischer Begleitung mehrmals ausführen.

1. Brennnesselblätter, die Nahrung vieler Raupen, wiegen sich im Wind.
«Schsch, schsch», sagt die Erzieherin rhythmisch dazu. Die Kinder wiegen
sich mit erhobenen Armen hin und her.

2. In einem kleinen Ei liegt zusammengerollt eine junge Raupe. «Zämerolle,
zämerolle, ganz chli zämerolle.»

3. Sie beisst ein Loch ins Ei, kriecht heraus und frisst schmatzend die Eihülle
auf. Alles darstellen, dazu Kratzgeräusche auf dem Tamburin machen.

4. Sie kriecht mit den typischen Raupenbewegungen dem Brennnesselstängel
entlang. «Vorwärts chrüüche, vorwärts chrüüche, vorwärts wie-n-ä Raupe.»

5.  Um zu fressen, streckt sie sich in die Höhe oder bückt sich in die Tiefe. «Strecke, strecke, wiit ue strecke» oder «Tüüf abe, tüüf abe, s'Blättli isch wiit unde».

6.  Was geschieht, wenn die Raupe den ganzen Tag frisst und frisst und frisst? Sie wird immer dicker. Das wird nun zuerst mit den Händen dargestellt und danach mit dem ganzen Körper. Während die Erzieherin langsam die Tonleiter singt, wird der Körper von Ton zu Ton immer dicker.

7.  Die dicke Raupe verpuppt sich und liegt steif und ruhig da. «Schlaf, Räupli, schlaf» singen.

8.  Wenn die Verwandlung fertig ist, reißt die Hülle auf: Zusammenkauern, sich dann mit einem Ruck befreien und strecken. (Tamburinbegleitung.)

9.  Der Schmetterling wartet, bis seine Flügel stark werden und sich öffnen lassen: Warten, dann mit den Flügeln zittern und sie schütteln, nun langsam öffnen. (Mit der Stimme und dem Tamburin begleiten.)

10. Die Flügel langsam und gestreckt auf und zu falten: «Uf und zue, uf und zue.»

11. Nun macht er seinen ersten Flug, fliegt über die Brennnesseln und sitzt wieder ab. (Triangelbegleitung.)

12. Jeder sucht Blumen, um aus diesen zu trinken: Sitzend den Kopf hin und her bewegen. Dann den Rüssel (Arm) tief in einen Blütenkelch stecken und mal rechts oder links saugen. «Suuge, trinke, Nektar schlürfe.»

13. Lizibelle verabschiedet sich von den andern und fliegt auf der Suche nach neuen Blumenwiesen davon: Alle sitzen, einer fliegt zur Triangelbegleitung davon. So lange spielen, bis alle Kinder im Kreis sind. Sich bequem hinlegen.

## Ausklang:

• Die Erzieherin erzählt, Lizibelle tanze nun voller Freude über die Blumenwiese und die Sonne lasse ihre schönen, farbigen Flügel leuchten. Während sie erzählt, läuft im Hintergrund ganz leise die Schmetterlingstanzmusik. «Nun wollen wir uns Lizibelle vorstellen, wie sie glücklich über die Blumen schwebt, auf einer besonders schönen absitzt, Nektar trinkt und weiterfliegt.» Die Musik lauter stellen und einige Zeit zuhören. Langsam ausblenden und abstellen.

• Schmetterlingslied singen.

## Überleitung:

• Vielleicht möchte jemand mit den Kärtchen «Vom Ei bis zum Schmetterling» spielen?

• Wer einen Schmetterling mit der Falttechnik malen möchte, zieht eine Schürze an und geht an den Farbentisch. Auch die übrigen Kinder gehen spielen.

## 6.5   Abschlussfest mit den Eltern:
## Ein vergnüglicher Parcours zum Thema
(anstelle einer Projektpräsentation)

- Die Einladung soll frühzeitig an die Eltern verteilt werden. Wenn sie etwa einen Monat vorher wissen, wann das Fest stattfindet, können sie sich den Termin vormerken und auch zahlreich erscheinen.
- In der Einladung müssen alle wichtigen Daten und Informationen enthalten sein. Eltern interessieren sich für das Datum, den Ort, die Zeit des Beginns und des ungefähren Endes, ob nur die Eltern und deren betroffene Kinder oder auch Geschwister eingeladen sind, was man mitbringen kann und zu welchem Thema das Fest gestaltet wird.
  Die Kinder dürfen die Einladung für ihr Mami und ihren Papi vielleicht mit einer Raupe und einem wunderschönen Schmetterling verzieren, damit sie ansprechend und festlich aussieht.

**Durchführung des Abschlussfestes zum Thema**
**«Von der Raupe zum Schmetterling»**

Sammlung:
- Jedes Kind darf sich bei seiner Ankunft schminken und etwas Glimmer auf die Wange kleben. Zudem können sich alle, welche nicht schon mit passender Kleidung erscheinen, mit einem duftigen Tuch in einen Schmetterling verwandeln.

Einstieg:
- Im großen Kreis findet die Begrüßung der Eltern und Kinder statt. Dabei wird auch ein kurzer Rückblick über das Projekt «Von der Raupe zum Schmetterling» und ein Überblick über den Ablauf des heutigen Schmetterlingsfestes gegeben.
- Zur Einstimmung singt die Erzieherin mit den Kindern das Raupenlied.
- Während sich die Raupen verpuppen, schließen die Eltern ihre Augen. Unterdessen legen sich alle Kinder unter ein großes Tuch, von jedem schaut nur eine Hand hervor.
  Finden die Eltern ihr Kind?
- Die geschlüpften Schmetterlinge tanzen frei zur klassischen Schmetterlingstanzmusik und die Eltern schauen zu.

Hauptteil:
- Zuerst erklärt die Erzieherin den Ablauf des Parcours, den sie vorbereitet hat. Jede Familie erhält eine Kontrollkarte für den Parcours, auf welcher alle zwölf Posten aufgelistet sind: Ein gezeichneter Schmetterling ist ebenfalls eingeteilt in zwölf Abschnitte. Ist einer der Posten gemacht, darf ein farbiger Punkt an den entsprechenden Ort auf den Schmetterling geklebt werden.

  Damit ein reibungsloser Ablauf gewährleistet ist, beginnt jede Familie an einem andern Posten. Pro Posten können auch zwei Familien gleichzeitig spielen. Die Entwicklung der Raupe zum Schmetterling ist ja ein Kreislauf, deshalb spielt es keine Rolle, wo man mit dem Spiel beginnt.

  Die Erzieherin teilt nun jeder Familie ihren Anfangsposten zu und von dort geht es der Reihe nach weiter, bis alle Posten gemacht sind. Bei jedem Posten liegen die Spielregeln und farbige Klebepunkte für die Parcourskarte bereit.

### Der Parcours

1. **Das Raupenwettkriechen**
   *Material:* Raupen aus Karton oder gefüllten Strümpfen an gleich langen Schnüren. Am Ende jeder Schnur ist eine kleine Kartonröhre befestigt.

   *Spielregeln:* Zwei oder mehrere Spieler legen ihre Raupe auf den Boden und knien sich selber mit der Kartonröhre in der Hand ans Ende der ausgelegten Schnur. Auf «Los» rollen die Spieler so rasch als möglich die Schnur auf die Röhre. Dabei nähert sich die Raupe kriechend. Welche ist zuerst bei der Kartonröhre?

2. **Die Raupenmassage**
   *Material:* Matte oder Matratze.

   *Spielregeln:* Das Kind liegt auf dem Bauch, ein Elternteil streicht mit leichtem Druck der Hand über den Körper. Dies stellt eine Raupe dar, welche kriecht. An einem Ort, zum Beispiel auf dem Oberarm, beginnt sie zu fressen. Dazu kneift man an dieser Stelle sanft in den Arm. Nun wird das Kind gefragt, wo auf seinem Körper die Raupe soeben gefressen hat. Größere Kinder bezeichnen den Körperteil mit dem Namen, kleinere dürfen den Ort zeigen. Nach einiger Zeit kann das Kind einen Elternteil auf die gleiche Art massieren.

3.  **Dick und dicker**
    *Material:* Großer Haufen mit diversen Kleidungsstücken, vom Handschuh bis zur Turnhose, Stoppuhr, Spiegel.

    *Spielregeln:* Alle Mitspieler beginnen auf «Los» möglichst viele Kleidungsstücke übereinander anzuziehen. Die Kleider müssen nicht korrekt angezogen sein. Nach Ablauf von zwei Minuten wird geschaut, welche Raupe besonders dick geworden ist.

    Die Kleidungsstücke, welche jeder angezogen hat, können auch gezählt werden. Bevor man sich wieder auszieht, kann man sich im Spiegel anschauen.

    Zwei kleine Kinder können auch als Wettspiel von je einem Elternteil angezogen werden.

4.  **Die Salzteigraupe**
    *Material:* Viel Salzteig, Besteck zum Verzieren.

    *Spielregeln:* Jede Familie gestaltet miteinander eine eigene kleine Raupe und verziert sie schön. Sie kann dann nach dem Trocknen nach Hause mitgenommen und bemalt werden.

5.  **Fressgeräuschespiel**
    *Material:* Ein Blatt Papier.

    *Spielregeln:* Ein Mitspieler sitzt auf einem Stuhl und schließt die Augen. Nun wird in seiner Nähe, zum Beispiel hinter dem Kopf, mit dem Papier geknistert. Wo frisst die Raupe?
    Mit der Hand den Fressplatz zeigen. Abwechseln.

6.  **Das Verpuppungsspiel**
    *Material:* Pro Familie eine Rolle Toilettenpapier, Spiegel.

    *Spielregeln:* Das Kind der Familie spielt die Raupe, welche sich verpuppt. Dazu wird es von oben bis unten in Toilettenpapier gewickelt und darf sich dann im Spiegel anschauen.

7. **Schmetterlingsflugspiel**

*Material:* Kartontafel mit einer gemalten Blumenwiese, durch welche ein Weg führt. Ein kleiner Magnet und ein Schmetterling aus leichtem Holz oder Moosgummi, in welchen von hinten ein Metallreißnagel gesteckt wird.

*Spielregeln:* Ein Elternteil hält die Tafel mit dem Bild vor sich hin, der Schmetterling auf der Vorderseite wird mit dem Magnet von hinten an der Startlinie gehalten. Das Kind steht vor dem Bild und dirigiert den Schmetterling mit Handzeichen über den Weg zum Ziel. Der spielende Elternteil schaut nur auf das Kind und muss anhand seiner Anweisungen den Schmetterling mit dem Magnet einigermaßen richtig über den Weg führen. Bei kleinen Kindern hilft der andere Elternteil dem Kind dabei, die Anweisungen verständlich zu geben.

8. **Memoryspiel**

*Material:* Von den Kindern im Freispiel selber gemaltes Memory mit etwa zehn Motiven zum Thema.

*Spielregeln:* Wie bei jedem normalen Memoryspiel.

9. **Hoppelihopp**

*Material:* Bilder von einem Raupenei, einer Raupe, einer Puppe und einem Schmetterling.

*Spielregeln:* Die vier Bilder werden mit der Bildseite nach oben in einer Reihe auf den Boden gelegt. Die beiden Mitspieler setzen sich links bzw. rechts neben die Bilderreihe. Der Spielleiter befindet sich am Anfang der Reihe und ruft: «Hoppelihopp – Raupe!» Nun müssen die Spieler so rasch als möglich die Hand auf das richtige Bild legen.
Wer ist schneller?

So geht das einige Male weiter, wenn möglich in schnellem Tempo. Die Spieler können nach einiger Zeit die Rolle tauschen.

Will man es als Wettspiel gestalten, erhält der schnellere Mitspieler jeweils einen Knopf. Am Schluss werden die Knöpfe gezählt und so der Sieger bestimmt.

10.   **Geschmacksspiel**
*Material:* Honig, Nektar, Erdbeerenbrei, viele Löffel.

*Spielregeln:* Mit geschlossenen Augen darf jeder Mitspieler der Familie ein wenig von jeder Schmetterlingsmahlzeit versuchen. Wer findet heraus, was er isst?

11.   **Schleuderspiel**
*Material:* Zeichnung mit einigen grossen Blumen, Gabel, kleine Schmetterlinge aus Moosgummi in der Größe eines Einfränklers.

*Spielregeln:* Jeder Mitspieler legt der Reihe nach seinen Schmetterling zuhinterst auf den Stiel der Gabel und drückt vorne auf die Zinken. Der Schmetterling fliegt nun auf die Blumenwiese. Wer kann seinen Schmetterling zuerst auf einer Blume platzieren?

12.   **Eiablagespiel**
*Material:* Handgroße Blätter aus grünem Papier, viele murmelngroße Holzperlen mit einem Loch.

*Spielregeln:* Der Schmetterling legt seine Eier auf einem Blatt ab, damit die Raupenbabys nach dem Schlüpfen sofort etwas zum Fressen finden. Welcher Mitspieler kann am meisten Eier (Holzperlen) auf sein Blatt legen? Holzperlen auf ihrem Loch dicht nebeneinander aufs Blatt stellen und dann alle zählen.

### Übergang zum Schmetterlingsimbiss

Wenn alle Familien den Parcours, welcher auch in einer kürzeren Form durchgeführt werden kann, beendet haben, bittet die Erzieherin zu Tisch. Die Kinder bastelten vorgängig passende Tischdekorationen in Form von Blumengirlanden und Schmetterlingen und deckten damit den Tisch festlich.

### Das Schmetterlingsmenü

Süßigkeiten: Honigbrötchen, Beerenmuffins, Erdbeercreme, gebackene Holunderblütenküchlein und andere passende, mit den Kindern selbst gemachte Süssigkeiten.

Getränke: Lindenblüten- und Gänseblümchentee, Holundersirup, Löwen-zahnsirup, Fruchtsäfte und Nektar.

Gleichzeitig werden aber auch Kaffee und Mineralwasser angeboten und je nach Bedarf belegte Brote.

### Die Verabschiedung der Gäste

Zur festgelegten Zeit kann sich die Erzieherin nochmals an die Gäste wen-den und das Fest mit ein paar netten Worten beenden. Danach werden sich die Familien nach und nach verabschieden und auf den Heimweg begeben.

## 6.6    Freispielangebote im Thema

Was bedeutet Freispiel? Im Freispiel ist die freie Wahl der Spielpartner, freie Wahl des Spiels und Spielmaterials und freie Wahl der Spieldauer die Regel.

Es bedeutet aber nicht, dass wir den Kindern keine neuen Spielangebote machen, und es bedeutet auch nicht, dass wir nicht auf ihre Einladung hin eine kurze Zeit mitspielen dürfen.

Die Freiwilligkeit prägt das Freispiel der Kinder. Prinzipiell werden sich Erwachsene während des Freispiels beobachtend im Hintergrund halten und nur dort aktiv werden, wo Hilfe nötig oder gewünscht wird.

Wie schaffen wir in den Räumen für die Kinder ein lernförderndes Klima? Indem wir
- den Kindern ausreichend Raum für ihre eigenen Ideen geben,
- Bewegung jederzeit erlauben und ermöglichen,
- das Spielmaterial für verschiedene Spielbereiche sorgfältig nach kindgerechten Kriterien auswählen,
- und solches bevorzugen, welches die Kinder kreativ verwenden und ihrem Spielen flexibel anpassen können,
- Spielsachen aussuchen, die die Neugier wecken und aktives Handeln ermöglichen,
- das Spielangebot regelmäßig überprüfen und je nach Thema und Bedürfnissen der Kinder auswechseln,
- unterschiedliche Schwierigkeitsgrade bereithalten sowie verschiedene Sozialformen ermöglichen,
- darauf achten, dass kein Überangebot die Kinder überfordert,
- den Kindern immer wieder die Möglichkeit zum Experimentieren mit neuem Material geben,
- den freien Zugang zu ihren Spielsachen ermöglichen und
- unsere Regeln für die Kinder logisch nachvollziehbar gestalten.

Es ist wichtig, die Entwicklung der Kinder individuell zu begleiten. Um zu wissen, welche Lernprozesse im Moment aktuell sind, müssen Erzieherinnen ihre Kinder regelmäßig und aufmerksam beobachten.

Individuelle Unterstützung und Förderung kann auch innerhalb des aktuellen Themas erfolgen. Dazu können Erzieherinnen im Freispiel viele verschiedene Spiele bereithalten sowie das Material aus der Aktivität anbieten. Die pädagogischen Angebote im Freispiel werden die unterschiedlichen Bedürfnisse der Kinder berücksichtigen müssen. Dies gilt in besonderem Maße bei einer altersgemischten Gruppe.

Im Kindergarten können während des Freispiels bis zu zwanzig Werkstattposten angeboten werden, von welchen alle Kinder eine festgelegte Anzahl im gegebenen Zeitraum erledigen müssen. Dies nicht im Sinne des klassischen Werkstattunterrichts anstelle der täglichen Aktivitäten, sondern als ergänzendes Freispielangebot.

Im Thema «Von der Raupe zum Schmetterling» eignen sich unter anderem folgende Spiele für individuelles Lernen:

- Alle Posten des Parcours beim Schmetterlingsfest können als Freispielangebote verwendet werden. Es kann sogar von Vorteil sein, wenn die Kinder die Spiele schon vor dem Abschlussfest kennen.

Raupenspiele

- Würfelspiel: Auf einen Karton vier gleich lange Wege in Form von zehn Vierecken zeichnen, die alle gleich bemalt werden: Alle Vierecke abwechselnd in den Farben des Farbenwürfels anmalen. Der Zielort ist ein schönes Brennnesselblatt. Als Spielfiguren kleine Raupen aus dem Bastelgeschäft wählen oder selber welche basteln.

*Spielregeln:* Jeder Mitspieler darf, wenn er an der Reihe ist, einmal mit dem Farbenwürfel würfeln. Er kann nur dann mit seiner Spielraupe ein Feld weiterziehen, wenn er die Farbe des nächsten Feldes gewürfelt hat. Wessen Raupe ist zuerst im Ziel?

- Das gleiche Würfelspiel kann auch für den Zahlenwürfel gezeichnet werden. Auf die Spielfelder werden bei allen vier Wegen jeweils an der gleichen Stelle je ein Vogel und ein Häufchen Blätter gezeichnet.

*Spielregeln:* Jeder Mitspieler würfelt nun einmal mit dem Zahlenwürfel und lässt seine Raupe die entsprechende Anzahl Felder vorwärts kriechen. Landet die Raupe auf dem Feld des Vogels, muss sie flüchten und kehrt zum Start zurück. Kommt sie aber auf das Häufchen Blätter, bleibt sie sitzen, um zu fressen. Der Spieler setzt einmal aus. Welche Raupe ist zuerst im Ziel?

- Nochmals ein Würfelspiel, bei welchem zwei Kinder miteinander gegen den Vogel spielen, der die Raupe fressen will.

Auf dem Spielbrett sind zwei Raupen und ein Vogel aus je sechs Teilen aufgezeichnet. Auf jedem Teil ist eine der sechs Würfelzahlen eingezeichnet, entweder als Zahl oder in Form von Punkten. Die gleichen sechs Teile der Tiere sind aus Karton ausgeschnitten ebenfalls vorhanden.

*Spielregeln:* Der Reihe nach würfeln. Wird eine Eins gewürfelt, kann auf die Raupe das Puzzleteil mit der Eins gelegt werden. Würfelt man nochmals eine Eins, muss nun das entsprechende Teil des Vogels hingelegt werden. Wird ein drittes Mal die Eins gewürfelt, hat dies keine Folgen, der Nächste kommt an die Reihe. Ist eine der Raupen fertig, muss dieser Spieler für den Vogel würfeln. Sind beide Raupen zuerst fertig zusammengesetzt, freuen sich alle. Ist der Vogel zuerst komplett, werden die Raupen leider gefressen und alle sind traurig.

- Einige Karten zeigen die Entwicklung vom Ei bis zum Schmetterling. Kann das Kind die Bilder in der richtigen Reihenfolge hinlegen?

- In einem geeigneten Raum oder in einer Zimmerecke einen Hindernisparcours für Raupen aufbauen. Die Kinder sollen den Parcours selber umgestalten können.

- Sinnesparcours für zwei Kinder: In drei bis vier flachen Becken hat es Naturmaterial wie Gras, Kies, Erde und Sand. Die Raupe spürt, dass sich alles unterschiedlich anfühlt. Spüren wir das auch? Das eine Kind führt das andere durch den Parcours.
Das geführte Kind ist barfuß und hat eventuell die Augen geschlossen. Kennt es das Naturmaterial unter seinen Füßen? Abwechseln.

- Geschmacksparcours für zwei Kinder: In Schalen liegen Salatblätter, Erdbeeren, Gurkenstücke, Apfelstücke usw. bereit.
Das eine Kind gibt dem anderen, welches die Augen geschlossen hält, ein Stück in den Mund. Was hat die Raupe heute probiert? Abwechseln.

- Raupenpuzzle: Selbst gestaltete oder gekaufte Puzzles für verschiedene Altersstufen anbieten.

- Viel verschiedenes Material zum freien Basteln von Raupen bereitlegen: Kartonröhren, Korkzapfen, kleine Schachteln, Socken und Strümpfe, Füllmaterial, Knöpfe und vieles mehr. Aber auch Farben, Leim, Schnur, Klebband und Werkzeug.

- Mit Lebensmittelfarbstoffen eingefärbte Knetmasse zum Gestalten von Raupen bereitstellen.

**Schmetterlingsspiele**

- Ein Zauberbild herstellen: Auf ein festes Papier mit Ölkreiden einen Schmetterling zeichnen. Mit grüner Wasserfarbe das ganze Bild übermalen.

Auf der fetthaltigen Ölkreidezeichnung perlt die Wasserfarbe ab und so erscheint der Schmetterling, welcher über die grüne Wiese fliegt.

- Noch ein Zauberbild: Mit hellen Ölkreiden das ganze Papier bunt ausmalen. Alles mit Schwarz dicht übermalen. Nun mit einer Metallschreibfeder einen Schmetterling aus dem schwarzen Hintergrund ritzen.

- Mit Wasser und einem Pinsel auf den Steinplatten im Garten einen Schmetterling oder Raupen malen. Zügig arbeiten, da sonst die Zeichnung je nach Temperatur rasch verdunstet.

- Bunte Papierschnipsel reissen oder Stoffreste ausschneiden und damit einen Schmetterling kleben.

- Die Erzieherin legt mit Fröbellegematerial einen Schmetterling als Muster und zeichnet es genau ab. Diese Vorlage mit Klarsichtfolie überziehen oder laminieren. Das Kind legt den Schmetterling ebenfalls mit Fröbelmaterial direkt auf der Vorlage genau nach, Fortgeschrittene legen ihn auf ein Papier daneben. Unterschiedlich schwierige Vorlagen erstellen.

- Schmetterlingsform auf ein festes Papier vorzeichnen. Mit farbigem Leim aus der Tube der Kontur nachfahren. Farbiger Leim entsteht, indem man in die Weissleimtube unverdünnte Wasserfarbe gibt und mit einer Häkelnadel gut verrührt.

- Memorykärtchen zeichnen: Pro Kind können zwei Memorykärtchen mit dem genau gleichen Schmetterling oder der genau gleichen Raupe bemalt werden.

- Spielform «Schiffe versenken» anhand von Schmetterlingsbildern: Zwei gleiche Vorlagen erstellen mit sechs unifarbenen Schmetterlingen darauf. Jeder Spieler erhält einen goldenen Knopf und fünf andere als Erinnerungsknöpfe.

*Spielregeln:* Die Spieler sitzen sich vis-à-vis. Zwischen ihnen versperrt ein aufgestellter Karton die Sicht auf die Vorlage des Gegenübers. Jeder Spieler wählt nun einen Schmetterling auf seiner Vorlage aus und setzt seinen goldenen Knopf darauf. Der erste Spieler fragt den andern: «Liegt dein goldener Knopf auf dem blauen Schmetterling?» Hat er falsch geraten, setzt der Frager einen Erinnerungsknopf auf seinen blauen Schmetterling. Dieser Knopf erinnert ihn daran, dass er nach diesem Schmetterling nicht mehr fragen muss. Nun ist der andere Spieler mit seiner Frage an der Reihe. Wer findet zuerst bei seinem Gegenüber den Schmetterling mit dem goldenen Knopf darauf?

- Suchbild mit zwei gleichen Schmetterlingen erstellen. Der eine hat allerdings sechs Fehler. Diese Fehler finden und korrigieren.

- Zählspiel: Ein Kind nimmt zum Beispiel drei Schmetterlinge in die Hand, das andere muss sie richtig zählen und diese Zahl eventuell auch aufschreiben. Abwechseln.

- Auf dünnem Karton selber einen Schmetterling zeichnen. Dann in einem Abstand von etwa einem Zentimeter der Figur entlang mit der Nadel Löcher stechen. Jetzt kann rund um den Schmetterling mit einem Stickgarn und einer Nadel eine Ziernaht genäht werden.

- Musik und Tücher bereithalten, um als Schmetterling zur Musik frei zu tanzen.

- Mit verschiedenen Instrumenten eine Tanzmusik für Schmetterlinge erfinden und vielleicht vorspielen.

- Blumen nach einer Vorlage aus Papier basteln: Form des Blütenkopfes aufzeichnen und ausschneiden, Blütenblätter sorgfältig nach innen falten. Wenn die Blume ins Wasser gelegt wird, öffnet sie sich von selber.

• Die kleine Welt: Auf einem Spieltisch oder auf dem Boden können die Kinder mit Bäumen, Blumen, Blättern, Schmetterlingen, Vögeln, Raupen usw. nach eigener Fantasie spielen.

• Für größere Kinder können Arbeitsblätter erstellt werden, bei denen Schmetterlinge, Raupen, Blumen, Blätter und anderes zugeordnet, gezählt, verglichen, nachgefahren, ausgemalt oder eingeteilt werden.

• Fürs kreative Malen Wasserfarben sowie Pinsel, Schwämme und weitere Malutensilien bereitstellen. Die Kinder sollten das Papierformat selber wählen können.

**Spielideen für Babys im Alter zwischen 4 und 8 Monaten**

• Eine Spielschnur über den Babyspielplatz spannen, an welcher drei bis vier Sachen wie farbige Schmetterlinge, Blumen mit Glöckchen, Sonnen oder Raupen an Bändern oder Gummifäden hängen. Die Schnur muss tief genug befestigt sein, damit das Kind die Sachen berühren, bewegen oder greifen kann.

Kleine Babys nehmen zuerst die Farben Rot und Blau und dann Gelb und Grün wahr. Zudem unterstützen starke Farbkontraste die Entwicklung der Sehfähigkeit.

• Über die Spielschnur Chiffontücher hängen, damit das Baby dagegen strampeln oder sie zu sich heranziehen kann.

• Aus Socken oder Strümpfen Raupen basteln. Den Raupenkörper in mehrere Teile unterteilen, mit verschiedenem Material zum Tasten füllen und abbinden. Lustige Augen und ein Maul am Kopf der Raupe sprechen das Baby besonders an.

Aus Sicherheitsgründen muss alles Material sehr gut befestigt und regelmäßig kontrolliert werden.

- Zur Schmetterlingsmusik mit dem Baby auf dem Arm tanzen oder es dazu sanft wiegen und schaukeln. Regelmäßige Schaukelbewegungen fördern laut Forschungsberichten generell die Leistungsfähigkeit des Gehirns, in besonderem Maße jedoch das vestibuläre System, welches für das Gleichgewicht und die Koordination zuständig ist.

Gleichzeitig unterstützt das sanfte Wiegen auch die Entwicklung der Sinnesorgane und entschärft Stresssituationen.

- Das Baby freut sich, wenn ihm mit der Themafigur etwas vorgespielt oder das Raupenlied vorgesungen wird.

**Spielideen für Babys im Alter zwischen 9 und 18 Monaten**

- Ein rotes und ein blaues Tuch auf den Boden legen. Unter einem von beiden ist die Raupe versteckt. Unter welchem?

- Rote und gelbe Blumen aus verschiedenem Material sowie zwei Körbe zum Spielen geben.

Vielleicht lernt das ältere Baby mit der Unterstützung eines Erwachsenen auch, die Blumen nach Farben sortiert in die Körbe zu legen.

- An eine aus einem Strumpf selbst gebastelte Raupe klingende Glöckchen gut annähen. Das Baby kann sie an einer Schnur hinter sich herziehen.

- An duftenden Blumen und Pflanzen riechen und deren Namen nennen.

- Die Raupe in ein Geschenkpapier einwickeln. Das Baby soll versuchen, die Raupe alleine auszupacken.

- In einem Blätterhaufen aus ungiftigen Blättern werden Spielzeugraupen versteckt. Findet das Baby alle Raupen?

- Einen Hindernisparcours aufstellen, über welchen das Baby wie eine Raupe kriechen kann.

- Die Raupe kriecht durch den Garten. Dabei kriecht sie über die Wiese, die Steinplatten, Holzstecken, Sand, den Kiesweg und durch einen Blätterhaufen: Auf einem langen Plastiktuch oder in flachen Plastikbecken zwei oder drei verschiedene Naturmaterialien legen.

  Das Baby kann alles mit der Hand, aber auch barfuß oder kriechend mit nackten Beinen ertasten und befühlen. Die Namen der Natursachen nennen.

- Mit Fingerfarben erste «Schmetterlinge» malen.

- Viele verschiedene Tücher in Körben bereithalten. Damit kann sich das Baby selber als Schmetterling verkleiden oder sich wie eine verpuppte Raupe in ein Tuch einwickeln.

  Es wird die Tücher auch gerne ausräumen und wieder in die Körbe hineinlegen.

## 6.7    Das Projektthema beenden

Wenn wir uns nach vielen Wochen dem Ende des Projektes nähern, sollten wir uns Gedanken darüber machen, wie wir mit den Kindern einen geeigneten Abschluss gestalten könnten.

Eine gute Möglichkeit ist bestimmt das Abschlussfest zusammen mit den Eltern. Es ersetzt aber gewisse Abschiedsrituale nicht, welche für die Kinder wichtig sind, um das Thema wirklich abschließen zu können.

Solche Rituale sind
- die Verabschiedung der Themafigur von jedem einzelnen Kind. Danach geht die Figur wirklich weg und ist für die Kinder nicht mehr sichtbar.
- Gemeinsam nochmals das ganze Bilderbuch anschauen und Erinnerungen und Wissen austauschen. Die Erzieherin sieht auch, was bei den Kindern haften blieb.
- Einen Wunschtag gestalten: Beliebte Spiele und Lieder nochmals miteinander spielen und singen.
- Mit einem Erlebnisturnen das Thema zusammenfassen.
- Die Kinder zum Abschluss etwas aus dem Thema zeichnen oder malen lassen. Werden diese Zeichnungen in ein besonderes Heft gemacht, haben die Kinder nach dem Verlassen der Institution zu Hause eine schöne Erinnerung an jedes Projekt, welches wir mit ihnen erarbeitet haben.
- Kindergartenkinder gestalten auch gerne eine spezielle Projektsammlung. Bei wichtigen Stationen wird jeweils eine Zeichnung oder Collage gemacht, zum Beispiel die kleine Raupe, die große Raupe, die Puppe, der Schmetterling und vielleicht auch die Feinde von beiden sowie ihre Nahrung. Diese Sammlung dürfen sie am Ende des Themas mit nach Hause nehmen.
- Alle gebastelten Kunstwerke beim Abschlussfest ausstellen und danach mit nach Hause geben.

Bevor wir eine neues Projektthema in Angriff nehmen, ist es ratsam, etwa zwei bis drei Wochen lang ohne Thema zu arbeiten, damit sich das neue Wissen und die vielen Erfahrungen und Erlebnisse etwas setzen können.

Nun haben wir Zeit, wieder einmal altbekannte Sing- und Kreisspiele aufleben zu lassen, neues Material einzuführen, rhythmische Spiele zu veranstalten und andere neutrale Aktivitäten zu planen.

Unterdessen arbeiten die Erzieherinnen im Hintergrund aber bereits an der Vorbereitung des neuen Themas, welches sie anhand ihrer Beobachtungen als für die Kinder von Bedeutung erachten.

## 6.8    Die Reflexion

Ein Thema ist erst richtig abgeschlossen, wenn wir uns kritisch Gedanken über den gesamten Verlauf und die Erreichung unserer pädagogischen Ziele gemacht haben:

- Interessierten sich die Kinder bis zum Schluss für das Thema, konnte ich sie gut motivieren?
- Wie war meine innere Einstellung zu diesem Thema?
- Konnte ich mich zugunsten der Kinder zurücknehmen?
- Hatten die Kinder immer wieder die Möglichkeit, sich kreativ einzubringen?
- Bekamen sie genug Zeit, um zu verweilen, wenn sie es nötig hatten?
- Wurden die Wünsche der Kinder wenn immer möglich berücksichtigt?
- Gelang es mir, die unterschiedlichen Entwicklungsphasen der Kinder zu begleiten und alle dort, wo sie Lernbedürfnisse hatten, herauszufordern?
- Wurden einzelne Kinder unter- oder überfordert?

Gedanken zur Vorbereitung und Durchführung der pädagogischen Angebote:

- Konnte ich meine Planung der Aktivitäten flexibel gestalten und spontan auf die Ideen der Kinder eingehen?
- Hatte ich das Zeitmanagement im Griff?
- Konnte ich schwierige Situationen so gestalten, dass die Gruppe, das Einzelne und ich selber handlungsfähig blieben?
- Waren meine didaktischen Maßnahmen für die Kinder klar formuliert und logisch nachvollziehbar?
- Führte ich die Gruppe einfühlsam und konsequent?
- Hörte ich den Kindern aktiv zu und kommunizierte ich mit Ich-Botschaften? Ließ ich den Kindern Zeit, ihre Anliegen zu formulieren?
- Konnten die Kinder in einer anregenden Atmosphäre und Umgebung lernen und war auch Disziplin in der Gruppe vorhanden?
- Bevorzugte und benachteiligte ich kein Kind?
- Erreichte ich die gesetzten Feinziele in der Aktivität oft?
- Kam ich bis zum Abschluss des Themas den Richt- und Grobzielen näher?
- Konnte ich die Eltern gut mit einbeziehen und motivieren?
- Wie beurteile ich die gesamte Durchführung des Themas?
- Was mache ich das nächste Mal anders oder besser?

# Schlussgedanken

Auf unserer mehrwöchigen Reise durch Namibia im südlichen Afrika erlebte ich einmal mehr die Bestätigung, dass alle Kinder, egal auf welchem Kontinent sie geboren wurden, voller Neugier und Wissbegierde unsere Welt erforschen und verstehen wollen.

Die Volksgruppe der Himba ist die einzige Namibias, deren traditionelle Lebensweise noch weitgehend erhalten geblieben ist. Wir hatten das Glück, mit einem Farmer ein Himbadorf besuchen zu können. Freundlich luden uns die Himbafrauen in eine ihrer Lehmhütten ein, wo sie uns einige ihrer Traditionen erklärten. Da ich die Erlaubnis hatte zu fotografieren, stahl ich mich hinaus zu den vielen kleinen Kindern. Ich hoffte, den einen oder andern Schnappschuss machen zu können. Sofort näherten sich mir zwei Himbakinder und betrachteten neugierig meine alte Fotokamera. Ich ließ jedes durch den Sucher spähen und genoss ihre Überraschung, wenn sie durch das Objektiv ihre Mutter erkennen konnten. Als ich die Kamera dann auf die Kinder richtete, lachten sie verschämt und drehten den Kopf zur Seite. Spontan rief ich «Gugus» mit der Wirkung, dass sie mich interessiert anschauten und ich so zu meinem Foto kam. Meiner anschließenden Aufforderung, das fremde Wort «Gugus» zu wiederholen, kamen sie vergnügt nach. Darum erweiterte ich die Worte zu «Gugus-Dada», worauf sich ein lustiges Spiel entwickelte. Auch die Kleinsten kamen herbei und machten mit. Bald waren wir von lachenden Müttern umringt.

Gerne hätte ich mit den schwarzen Kindern weitergespielt, doch der Farmer drängte zum Aufbruch. Mit einem fröhlichen «Gugus-Dada» verabschiedeten wir uns voneinander. Dieses kleine Erlebnis im südlichen Afrika zeigt, wie lernbegierig und motiviert alle kleinen Kinder Neuem gegenüber sind und wie dankbar, wenn wir Erwachsenen uns bemühen, auf ihre Neugier mit spielerischen Angeboten und Anregungen einzugehen.

Ich wünsche mir, dass dieses Buch Sie dabei unterstützt, mit Ihrer Kindergruppe immer wieder zu Entdeckungsreisen aufzubrechen. Ich bin sicher, dass Sie mit dem themenorientierten Arbeiten bei jeder Gruppe Erfolg haben werden. Das einzige Maß dabei ist das Interesse und die Freude der Kinder.

# Herzlichen Dank

Mein besonderer Dank gehört meinem Vater. Er entschärfte mit seinem großzügigen Angebot einer Defizitgarantie mein finanzielles Risiko. Und mit seiner Haltung, ohne Risiko sei kein Erfolg möglich, aber auch durch seine Ermutigung bewirkte er, dass ich das Buchprojekt in Angriff nahm.

Mein Mann und unsere beiden Töchter motivierten und unterstützten mich von allem Anfang an und freuten sich mit mir über das Gedeihen des Werkes. Auch ihnen danke ich von ganzem Herzen.

Maike Maurer trug wesentlich zur Entstehung dieses Buch bei. Als Leiterin der Kita Luftibus in Winterthur und Prüfungsexpertin des SKV vermisste sie schon immer ein Fachbuch über das pädagogische Arbeiten mit Kindergruppen von eins bis sechs Jahren. Sie spornte mich nicht nur an, sondern nahm sich auch Zeit, mein Manuskript während der Entstehungszeit kritisch mitzulesen und mit mir zu diskutieren. Für ihre wertvolle Unterstützung danke ich ihr ganz herzlich.

Besonders dankbar bin ich für das ehrliche und kritische Feedback von Yvonne Sonderegger. Als erfahrene Vorschulpädagogin gab sie mir wertvolle fachliche Tipps und überprüfte das Manuskript auf seine verständliche und flüssige Schreibweise. Zudem entstammen fast alle Fotos und auch das Titelbild aus ihrer Kamera. Auch dafür danke ich ihr ganz herzlich.

Speziell danken möchte ich auch Bruno Sonderegger, der für mich die meisten Fotos professionell bearbeitete. Dank seinem fachlichen Rat im Hinblick auf das Titelbild und den Titeltext sowie seiner Gestaltung des Umschlages präsentiert sich mein Buch nun ansprechend und abgerundet.

Dr. Gerhard Friedrich anerbot sich liebenswürdigerweise, mein Manuskript sachkritisch durchzulesen. Seine Meinung und sein Rat als Erziehungswissenschafter waren mir sehr wichtig. Ich danke ihm sehr für seine kompetenten Rückmeldungen und nützlichen Ratschläge.

Trotz großen beruflichen Engagements als Didaktikerin nahm sich auch Mariette Zurbriggen Zeit, das Buch kritisch zu lektorieren. Unsere Diskussionen über Zielformulierungen und andere fachliche Bereiche waren für mich immer sehr hilfreich. Auch ihr ein ganz herzliches Dankeschön!

Bea Reiser, Krippenleiterin und Besitzerin der Kinderkrippe Storchennest, erlaubte mir, mit ihren Kindern eine Aktivität zu veranstalten, damit passende Fotos für mein Buch gemacht werden konnten. Während meiner Beratungsstunden in ihrer Krippe erlebe ich, wie das Konzept des themenorientierten Arbeitens mit den Kindern umgesetzt wird und wie die Kinder darauf reagieren. Das sind für meine Arbeit, meine Weiterbildungskurse und für dieses Buch unschätzbare Erfahrungen. Dafür bin ich Bea Reiser sehr dankbar! Zudem steuerte auch sie einige Fotos für das Buch bei.

Es ist nicht möglich, allen Erzieherinnen namentlich zu danken, die an der Entstehung dieses Buches indirekt beteiligt waren. Sie geben mir immer wieder und seit Jahren viele wichtige Rückmeldungen über die Umsetzung des themenorientierten Arbeitens, motivieren mich mit ihrer Begeisterung und interessieren sich für das Gedeihen dieses Buches. Ihnen allen danke ich ganz herzlich und wünsche ihnen weiterhin viel Freude bei der Arbeit mit der Kindergruppe.

Meine Tochter Sarah Bryner bringt mit ihrer lustigen Comicraupe «Liz» und dem Schmetterling «Lizibelle» eine spielerische Note in mein Buch. Darüber freue ich mich ganz besonders.

Peter Strupler, Verleger und Inhaber des Birkenhalde Verlages, bin ich in besonderem Masse dankbar. Spontan und unkompliziert entschloss er sich, mein Buch zu verlegen. Für sein Interesse, seine Unterstützung und seine Wertschätzung möchte ich ihm ebenso danken wie für die sorgfältige Gestaltung und Bearbeitung meines Manuskripts. Dank ihm ist aus meinen Entwürfen ein qualitativ hoch stehendes, ansprechendes Werk entstanden.

*Claudia Bryner*

Ayres A. Jean, **Bausteine der kindlichen Entwicklung**, Berlin Heidelberg, Springer 2002

Altenthan S./Düerkop G./Hagemann Ch./Hofmann B./Lösch A./Rösch Ch./Troidl R.: **Erziehungslehre**, Köln, Stam 1996

Dreikurs Rudolf/Vicki Soltz: **Kinder fordern uns heraus**, Stuttgard, Klett-Cotta 2006

Elschenbroich Donata: **Weltwissen der Siebenjährigen**, München, Kunstmann 2001

Frick René/Mosimann Werner: **Lernen ist lernbar**, Aarau, Sauerländer 1997

Friedrich Gerhard: **Was sich im Kopf abspielt** im Heft **kindergarten heute**, Herder 9/2002

Friedrich Gerhard: **Die Zahlen halten Einzug in den Kindergarten** im Heft **kindergarten heute**, Herder 1/2003

Fthenakis Wassilios E.: **Elementarpädagogik nach PISA**, Freiburg im Breisgau, Herder 2003

Kirstin Gisbert: **So lernen Kinder** im Heft **kindergarten heute**, Herder 2/2004

Holt John, **Wie kleine Kinder schlau werden**, Weinheim, Basel, Berlin, Beltz 2003

Kast-Zahn Annette: **Jedes Kind kann Regeln lernen**, Ratingen-Lintorf, Oberstebrink 2005

Kotulak Ronald: **Die Reise ins innere des Gehirns**, Paderborn, Jungfernmann 1998

Largo H. Remo: **Babyjahre**, München und Zürich, Piper 2001

Messmer Rita: **Mit kleinen Kindern lernen lernen**, Zürich, Kreuz Verlag, 1999

Mietzel Gerd: **Wege in die Entwicklungspsychologie**, Weinheim, Beltz 1997

Pulkkinen Anne: **Babys spielerisch fördern**, München, GU Ratgeber Kinder 2003

Schildknecht Beth: **Rhythmik und Sozialerziehung in der Primarschule**, Zürich, ELK 1990

Schäfer, Gerd E.: **Bildung beginnt bei der Geburt**, Weinheim, Basel, Berlin, Beltz 2003

Spitzer Manfred: **Lernen**, Heidelberg und Berlin, Spektrum 2002

Walter Catherine, Fasseing Karin: **Kindergarten**, Winterthur, ProKiga 2002

Weber Christine: **Spielen und lernen mit 0- bis 3-Jährigen**, Weinheim und Basel, Beltz 2004

Thiesen Peter: **Beobachten und Beurteilen in Kindergarten Hort und Heim**, Weinheim, Basel, Berlin, Beltz 2003

Viernickel Susanne/Völkel Petra: **Beobachten und dokumentieren im pädagogischen Alltag**, Freiburg, Herder 2005

Zimmer Renate: **Handbuch der Sinneswahrnehmung**, Freiburg im Breisgau, Herder 1995

Zimmer Renate, **Sinneswerkstatt**, Freiburg im Breisgau, Herder 1997

Zimmer Renate: **Handbuch der Bewegungserziehung**, Freiburg im Breisgau, Herder 1993

# Porträt Claudia Bryner

Claudia Bryner-Timèus, Jahrgang 1955, setzt sich seit 30 Jahren mit großem Engagement für angemessene Bildung in der Elementarpädagogik ein.

Wofür interessieren sich die Kinder besonders, welches sind ihre Stärken, womit kann die Kindergruppe herausgefordert werden, was macht allen Spaß? Kinder aufmerksam zu beobachten und dann ihre Entwicklung gezielt zu begleiten, ist ihr besonders wichtig.

Seit vielen Jahren informiert sie sich aktiv über die neuesten Erkenntnisse der Neurobiologie und der Neurodidaktik. Dieses Wissen verknüpft sie mit ihrem großen didaktisch-methodischen Erfahrungsschatz, um so die Lernprozesse der Kinder optimal unterstützen zu können. Dank jahrelanger Tätigkeit im Kindergarten, in der Spielgruppe, in Rhythmikkursen für Vorschulkinder und seit 1995 in verschiedenen Funktionen in Kinderkrippen erweiterte sie systematisch ihre Kenntnisse über das pädagogische Arbeiten mit kleinen Kindern.

Heute arbeitet sie vor allem als Fachberaterin in Kindertagesstätten, erteilt krippeninterne Workshops und externe Fortbildungskurse und unterstützt damit Erziehende bei ihrer täglichen Arbeit. Mit großer Motivation setzt sich Claudia Bryner dafür ein, dass alle Kinder, vom Baby bis zum Kindergartenkind, täglich in einem spannenden, herausfordernden Umfeld Neues lernen können.

Ihre kreativen, praxisnahen Ideenwerkstätten zu verschiedenen Themen sind inzwischen unter Erzieherinnen und Erziehern im Elementarbereich ein Geheimtipp und immer ausgebucht. Die Kurstage sind äußerst abwechslungsreich und vergnüglich aufgebaut. Dank der großen praktischen Erfahrung von Claudia Bryner erhalten die Kursteilnehmenden verständliche und sofort umsetzbare Vorschläge für Aktivitäten, die sie problemlos ihrer Kindergruppe anpassen können.

Für Claudia Bryner ist Bildung in der frühen Kindheit nicht nur ein Schlagwort, sondern das, wofür sie sich unermüdlich und engagiert einsetzt.

Mit dem vorliegenden Fachbuch «Wenn Raupen fliegen lernen» füllt sie nun eine Lücke auf dem pädagogischen Buchmarkt. Zusammen mit ihren Workshops, themenorientierten Kursen und den passenden Ideen plus Ordnern erhalten Interessierte praktische Instrumente in die Hand, um mit der Kindergruppe sofort zu spannenden Entdeckungsreisen aufzubrechen.

Claudia Bryner hat zwei Töchter und lebt mit ihrer Familie in Zürich, wo sich auch ihr Kurslokal befindet.

**Kursprogramm**
Anfragen und Anmeldungen für Workshops und Ideenwerkstätten richten Sie bitte an:

Claudia Bryner, Im oberen Boden 3, 8049 Zürich
Telefon: 044 341 14 77 oder
c.bryner@bluemail.ch

**Idee plus**

Die Schatztruhe voller Ideen

# Themenordner

Passend zu ihrem Fachbuch «**Wenn Raupen fliegen lernen**»
finden Sie die praktischen «**Idee plus**»-Themenordner aus dem
Birkenhalde Verlag

lieferbar

lieferbar

erscheint Herbst 2006

erscheint Herbst 2006

# Idee plus

Die Schatztruhe voller Ideen

erscheint Herbst 2006

erscheint Herbst 2006

## BIRKENHALDE VERLAG

Mattenbachstrasse 2
8411 Winterthur,
Tel: 052 232 80 70
Fax: 052 234 52 53
info@birkenhalde-verlag.ch

# Pädagogikbücher aus dem Birkenhalde Verlag
www.birkenhalde-verlag.ch

Ruedi Stössel, **Gwunderchlungele**

56 Seiten
wirogebunden
Format 297x210 mm
47 Abbildungen
Preis CHF 25.00
ISBN 3-905172-12-7

Ursula Planzer, **Tri Tra Trallala!! ... der Kasperli ist wieder da! 1**

24 Seiten
geheftet
Format 185x297 mm
34 Abbildungen
Preis CHF 18.00
ISBN 3-905172-11-9

Ursula Planzer, **Tri Tra Trallala!! ... der Kasperli ist wieder da! 2**

17 Seiten
geheftet
Format 185x297 mm
15 Abbildungen
Preis CHF 18.00
ISBN 3-905172-28-3

Ursula Planzer,

## Rhythmisches Zeichnen 1

30 Seiten
geheftet
Format 185x297 mm
14 Abbildungen
Preis CHF 18.00
ISBN 3-905172-10-0

Ursula Planzer,

## Rhythmisches Zeichnen 2

30 Seiten
geheftet
Format 185x297 mm
14 Abbildungen
Preis CHF 18.00
ISBN 3-905172-16-X

Ursula Planzer,

## Rhythmisches Zeichnen 3

34 Seiten
geheftet
Format 185x297 mm
16 Abbildungen
Preis CHF 18.00
ISBN 3-905172-30-5

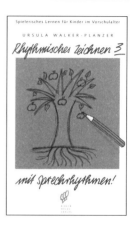

# Märlibücher aus dem Birkenhalde Verlag

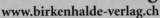

www.birkenhalde-verlag.ch

Bozena Jankowska, **Die Eiche**
32 Seiten, gebunden, Format 230x305 mm, 12 Abbildungen,
Preis CHF 19.90, ISBN 3-905172-14-3

Bozena Jankowska, **Die Tanne**
32 Seiten, gebunden, Format 230x305 mm, 12 Abbildungen,
Preis CHF 19.90, ISBN 3-905172-25-9

Bozena Jankowska, **Die Linde**
32 Seiten, gebunden, Format 230x305 mm, 12 Abbildungen,
Preis CHF 19.90, ISBN 3-905172-27-5

Bozena Jankowska, **Zum Beispiel ein Teddybär...**
32 Seiten, gebunden, Format 230x305 mm, 12 Abbildungen,
Preis CHF 19.90, ISBN 3-905172-15-1

Werner Bühlmann, **Lubomir**
62 Seiten, gebunden, Format 230x305 mm, 20 Abbildungen,
Preis CHF 19.90, ISBN 3-905172-08-9

Magdalena Rinderer und Urs Kerker, **Firlifurz**
**Das kleine Gespenst**
28 Seiten, gebunden, Format 290x295 mm, 21 Abbildungen,
Preis CHF 35.00, ISBN 3-905172-35-6

Claudia Petalas Egloff, **Jonathan**
44 Seiten, gebunden, Format 230x305 mm, 14 Abbildungen
Preis CHF 19.90, ISBN 3-905172-09-7